«Es gibt gegen Stress und Schmerzen kein Wundermittel. Wenn wir im eigenen Körper untergegangen sind, weil wir unsere Emotionen verdrängt und Schmerzen vermieden haben, gibt es tatsächlich niemanden, der uns besser helfen und die Dinge wieder ins rechte Lot bringen kann als wir selbst. Die einzige Möglichkeit, um mit Stress und Schmerzen fertigzuwerden, ist, sich ihnen zu stellen. Nur so findet man wirklich problembezogene Lösungen und inneren Frieden.»

Hans-Peter Hepe, Jahrgang 1958, verheiratet und zwei Söhne, ist Präventologe und betreibt seit mehr als 15 Jahren systemische Gesundheits-, Persönlichkeits- und Organisationsberatung. Weitere Informationen zu seinen Vorträgen, Lesungen, Workshops und Seminaren finden Sie unter www.simplepower.de.

Hans-Peter Hepe
unter der Mitarbeit von Bernd Jost

HEILUNG
AUS EIGENER
KRAFT

Der effektive Weg aus
Krankheit, Krise und Konflikt

Rowohlt Taschenbuch Verlag

2. Auflage Februar 2014

Originalausgabe
Veröffentlicht im Rowohlt Taschenbuch Verlag,
Reinbek bei Hamburg, Januar 2014
Copyright © 2014 by Rowohlt Verlag GmbH,
Reinbek bei Hamburg
Umschlaggestaltung ZERO Werbeagentur, München
(Foto: FinePic, München)
Typografie Farnschläder & Mahlstedt, Hamburg
Satz aus der Stempel Garamond LT Pro
Druck und Bindung CPI books GmbH, Leck
Printed in Germany
ISBN 978 3 499 60122 4

Wir haben Ängste,
wir haben Konflikte,
wir haben Krankheiten,
wir haben Wut,
wir haben Schmerzen,
und wir haben keinen Plan.

Inhalt

Vorwort von Dr. Tanja Sierck 11
Vorwort 15
Einleitung 17

Teil I
Was uns krank macht und was uns heilt

Was uns krank macht 25
Der Siegeszug der Schulmedizin 25
Machtlos gegen die großen Killer 27
Äußere Faktoren als Quelle der Krankheit 30
Symptome einer Geiselnahme 32
Die Überlebensreaktion 36   bes. S. 37
Ein emotionaler Energietornado 38
Die soziale Isolation 40
Liebesenttäuschung als Quelle von Angst und Stress 43
Die vielen Gesichter der Angst 46
Plötzlich ist er da – der Schmerz 49
Doppelbindungen 51

Was uns heilt 54
    Die Definition von Gesundheit 54
    Heilung aus eigener Kraft 55
    Verantwortung für sich selbst übernehmen 58
    Ein Teufelskreislauf geht zu Ende 63
    Die Seele, mein Freund und Helfer 66
    Die Wahrnehmung des Schreckens 69
    Reentry – Die revolutionäre Methode 74

Teil II
Praktische Anwendung von Regus mentalis: Wie Sie den Selbstheilungsprozess von Konflikten, Krisen und Krankheiten anstoßen können

Die neun Prinzipien der Heilung 83

Wie finde ich die Überzeugungen, die mich behindern? 86

Den Konflikt einkreisen 90

Die Aufmerksamkeitsübung 95

Heilung aus eigener Kraft mit Regus mentalis 102

Teil III
Die Grundformen der Persönlichkeit

Persönlichkeitsprofile 111

Profil *Allein mit mir* 123

Profil *Der Andere in mir* 131

Profil *Im Bannkreis des Anderen* 139

Profil *Mein Leben im Anderen* 145

Teil IV
Die wahren Ursachen von Krankheiten

Einführung 155

Herz und Kreislauf 161

Bluthochdruck 161   Niedriger Blutdruck 165
Herzinfarkt 166   Herzschmerz – Angina Pectoris 168
Lymphödem 170   Krampfadern 173
Leukämie – Blutkrebs 174

Muskeln und Gelenke 177

Rückenschmerzen 177   Bandscheibenvorfall 180
Skoliose 182   Rheuma 184   Fibromyalgie 188
Muskelschwäche – Myasthenie 190   Gicht 192
Arthrose 193   Arthritis 195

Magen 198
  Sodbrennen 198   Gastritis 200   Reizmagen 201
  Magengeschwür 204   Magenkrebs 205

Darm 208
  Morbus Crohn 208   Darmkrebs 210
  Colitis ulcerosa 211

Haut 213
  Ekzem 213   Warzen 215   Gürtelrose 216
  Neurodermitis 219   Akne 221
  Schuppenflechte (Psoriasis) 223   Hautkrebs 224

Lunge 226
  Asthma bronchiale 226   Allergie 228
  Lungenkrebs 231   Lungenentzündung 233

Allgemeinbefinden 236
  Burn-out-Syndrom 236   Angst und Panik 240
  Migräne 245   Ohrgeräusche (Tinnitus) 248
  Depression 252   ADHS 256   Übergewicht 261
  Ein kaum beachtetes Phänomen: Der alleingeborene
  Zwilling 264

Nachwort 273
Danksagung 275
Literaturhinweise 277
Register 279

Vorwort von Dr. med. Tanja Sierck

Die Auseinandersetzung mit mir selber ist eine der größten Herausforderungen in meinem Leben. Wenige Dinge haben mich so befreit wie die Erkenntnis, dass nicht der andere an meinen Lebensumständen schuld ist, sondern dass alles, was mir begegnet, etwas mit mir zu tun hat. Das gibt mir die Chance, mein Leben selber in die Hand zu nehmen und zum Positiven zu verändern.

Dieses Buch gibt uns einen klaren und praktisch umsetzbaren Ratgeber an die Hand, genau dieses Ziel zu erreichen. Wir lernen unsere bisher erfolglosen «Bewältigungsstrategien» zu erkennen, um uns selber daraus befreien zu können. Was für ein Geschenk!

Das endlose Suchen nach einem Schuldigen fällt weg. Befreit von der eigenen Opferhaltung kann jeder Einzelne etwas ändern, statt erfolglos zu versuchen, den anderen zu verändern. Die erfolgreiche Anwendung dieser Methode ist wie das Beseitigen einer Blockade. Das Leben kann wieder fließen.

Das bedeutet jedoch nicht, dass unsere bisherigen Lösungsversuche nun automatisch «falsch» sind. Diese früh gelernten Bewältigungsstrategien haben uns in unserem bisherigen Leben geholfen, mit den jeweiligen Problemen und Konflikten klarzukommen, zu überleben. Nur haben wir häufig verpasst zu erkennen, dass wir sie nun nicht mehr brauchen, dass sie dysfunktional und über die Jahre hinweg zu einem selbstkonstruierten Gefängnis geworden sind. Sie haben sich quasi selbst «überlebt».

Der Schlüssel zur Befreiung aus unserem Gefängnis liegt in der Erkenntnis, *warum* wir damals diesen Weg – unbewusst – gewählt haben. Warum haben wir bisher so und nicht anders gehandelt, handeln können?

Hans-Peter Hepe führt uns durch das Modell Entry und Reentry dorthin zurück. Er sagt: «Das Wunder der Heilung aus eigener Kraft geschieht durch die Befreiung aus der emotionalen Fixierung auf Verhaltensweisen, die nicht länger hilfreich sind, sondern uns behindern und krank machen.» Ich wünsche den Lesern von Herzen, dass ihnen dieses gelingen möge.

Seit einiger Zeit dringt der Gedanke der Selbstheilung immer mehr wieder in unser Bewusstsein. Die moderne klassische Schulmedizin hat allen Menschen viel Gutes gebracht, ich denke besonders an die Behandlung akuter lebensbedrohlicher Erkrankungen und die Versorgung von Unfallopfern. Antibiotika haben schon vielen Menschen das Leben gerettet.

Wir haben jedoch durch die Möglichkeit, Medikamente gegen unsere Beschwerden einnehmen zu können, mehr und mehr den Blick dafür verloren, den Dingen auf den Grund zu gehen. Es ist einfach bequemer, die Symptome «wegzumachen», als sich mit deren möglichen Ursachen auseinanderzusetzen.

Wir operieren meistens (Krebs-)Patienten, ohne sie zu fragen, was der innere Auslöser der Erkrankung sein könnte. Ist eine langfristige Heilung nicht wahrscheinlicher, wenn parallel an der Behebung der Ursache gearbeitet wird?

In meinen Augen nehmen chronische Krankheiten deshalb in so erschreckendem Maße zu, weil wir uns angewöhnt haben, akute Symptome zu unterdrücken und nicht nach den Krankheitsauslösern zu fragen. Stress, mangelnde Bewegung, falsche Ernährung und Umwelteinflüsse sind einige der Gründe für die Zunahme chronischer Erkrankungen.

Es ist das Verdienst von Hans-Peter Hepe, uns mit seinem Buch auf die sozialen Ursachen von Krankheiten aufmerksam zu machen. Es liegt nun an uns, die gewonnenen Einsichten umzusetzen.

Manchen Lesern wird sein Ansatz fremd vorkommen, vielleicht sogar radikal.

Meine Erfahrungen in der Praxis und die vieler Ärzte, Heilpraktiker oder Therapeuten können bestätigen, dass Selbstheilung möglich ist, wenn wir bereit sind, wieder die Verantwortung für unseren Körper zu übernehmen – für unser Leben.

Unsere physische Welt, also auch unsere Gesundheit, entspricht bildlich ausgedrückt den Früchten eines Baumes. Es hängt von den Wurzeln ab: von unserer mentalen, emotionalen und geistigen (spirituellen) Welt, wie unsere Früchte gedeihen. Den Zustand der Wurzeln zu optimieren liegt in unserer Hand.

Die Arbeit an uns selber ist eine der größten und anspruchsvollsten Herausforderungen unseres Lebens. Vielleicht fällt es leichter, wenn wir uns gleichermaßen als Regisseur, Spieler, Manager und Schiedsrichter unseres Lebens verstehen. Hilfe anzunehmen ist erlaubt, ja weise, wenn wir alleine nicht zufriedenstellend weiterkommen.

Das Buch von Hans-Peter Hepe ist eine wertvolle Hilfestellung auf diesem Weg zu einem sinnvollen und erfüllten Leben.

Dr. med. Tanja Sierck, Ärztin und Präventologin

Vorwort

Dieses Buch handelt von Heilung aus eigener Kraft, genauer gesagt von der Auflösung der unerklärlichen Verhaltensweisen, mit denen wir uns selbst behindern, von unbestimmten Ängsten, die uns lähmen und krank machen, von unbewussten Lebenseinstellungen, die unseren Erfolg boykottieren. Mein Ziel ist es, Ihnen eine Methode an die Hand zu geben, die es Ihnen ermöglicht, sich selbst von alten Fesseln zu befreien, schwierigen Situationen mit innerer Gelassenheit zu begegnen, mehr Lebensfreude zu gewinnen und sogar langwierige Krankheiten zum Besseren zu wenden.

Meine Laufbahn als Präventologe begann vor zwanzig Jahren mit einer Selbsterfahrung. Die Ärztin meiner Frau riet mir, ich solle unbedingt meine Kindheitserlebnisse klären, sonst würde ich nicht sehr alt werden. Der Selbstmord meines Vaters, als ich elf Jahre alt war, hatte einen tief sitzenden Schock hinterlassen, und mitzuerleben, wie meine Mutter über eine lange Zeit an ihrem Krebsleiden zugrunde ging, überstieg meine seelischen Kräfte. Ich entschied mich damals für eine systemische Familienaufstellung an der Universität Hamburg. Das hat mir sehr geholfen, und deswegen ließ ich mich in dieser Methode auch ausbilden, doch im Verlauf meiner jahrelangen Tätigkeit stellte ich fest, dass wir den Menschen als selbstbewusstes Individuum verletzten und missachteten, wenn wir die Herausforderungen, die uns im Leben begegnen, nur als Puzzleteile einer tiefen, seelischen Ebene im ganzen Familiensystem betrachten.

Auf der Suche nach einer individuellen Heilweise lernte ich unzählige Therapieformen kennen; alle hatten ihre positiven Seiten, doch wirklich überzeugt hat mich keine.

Die Lösung fand ich, als es mir dämmerte, dass wir nicht unter den schlimmen *Ereignissen* in unserer Kindheit leiden – den unkontrollierten Wutausbrüchen unserer Mutter oder den Zurückweisungen eines gefühlskalten Vaters –, sondern unter den Konsequenzen unserer Versuche, mit diesen traumatischen Erfahrungen umzugehen. Bewältigungsstrategien, die uns damals das psychische und womöglich sogar physische Überleben ermöglicht haben, erweisen sich im späteren Leben als selbstbehindernd, krankmachend und in vielen Fällen als selbstzerstörerisch.

Mein Entschluss stand fest: Wir brauchen eine Methode, mit der jeder in der Lage ist, seine negativen Bewältigungsstrategien selber zu erkennen und in positive Verhaltensweisen zu verwandeln. Im Laufe der Jahre habe ich eine solche Methode entwickelt und immer wieder verfeinert. Wie sie aussieht und welche verblüffenden Erfolge Sie damit erzielen können, steht in diesem Buch.

Einleitung

Kaum eine Woche vergeht ohne Sensationsmeldungen über neue Erkenntnisse der Genetik oder der Neurowissenschaft in dieser Art: «Wissenschaftler haben faszinierende und sehr eindeutige Zusammenhänge darüber gefunden, wie die Schädigung mancher Gene, Fehlfunktionen des Stoffwechsels oder aus der Balance geratene Botenstoffe zu psychischen und körperlichen Symptomen führen können, die Persönlichkeitsveränderungen und Tumorbildung begünstigen.»

Die Frage nach möglichen Ursachen der eigenen körperlichen und seelischen Erkrankungen stellt sich jeder. Dabei ist es in der Regel für den Einzelnen kaum möglich, eine Antwort zu finden. Ob erbliche Belastung oder persönlicher Lebensstil die wesentliche Rolle spielen, ist selbst bei Wissenschaftlern umstritten.

Noch wichtiger als die Frage nach den Ursachen von Krankheiten sind die Fragen nach der eigenen Identität: Wer bin ich? Was sind meine Werte? Was fange ich mit meinem Leben an? Doch diese Fragen sind nicht nur schwer zu beantworten – die Antworten verändern sich auch im Lauf eines Lebens immer wieder.

In jedem Fall mangelt es uns nicht an Empfehlungen: Wir sollen auf unsere Work-Life-Balance achten, positiv denken, tragfähige soziale Beziehungen haben, uns gesund ernähren und uns mehr bewegen. Doch warum verzeichnen wir dann in den jährlichen Gesundheitsstatistiken eine explosionsartige Zunahme an psychosomatischen Störungen, wenn eigentlich alles so einfach und klar ist?

Tatsächlich offenbaren all die gutgemeinten Empfehlungen eine große Ratlosigkeit.

Jeder, der sich der Lösung von problematischen Verhaltensweisen aus Sicht der Genetik oder Neurowissenschaft annimmt, steht auf verlorenem Posten. Denn die Medizin bleibt uns bis heute konkrete Antworten auf die Frage nach den Ursachen der explosiven Zunahme von physischen und psychischen Krankheiten wie Burn-out und Depression schuldig.

Betrachtet man die Zahlen der Weltgesundheitsorganisation (WHO), so bestätigen sie, dass es uns bis heute an den richtigen Maßnahmen zur Vorbeugung und Behandlung von Krankheiten mangelt.

Psychische Erkrankungen stellen die größte Gruppe der Erkrankungen dar. Die Anzahl von Menschen mit psychischen Störungen, die behandelt werden, hat sich in den letzten zwanzig Jahren verdoppelt. Und die Anzahl der Menschen, die aufgrund einer psychischen Erkrankung vorzeitig berentet werden, ist ebenfalls deutlich angestiegen. Die Zunahme der psychischen Leiden zeigt sich schon allein darin, dass Versicherte der gesetzlichen Krankenkassen durchschnittlich knapp fünf Monate auf einen ambulanten Psychotherapieplatz warten müssen.

Krankheiten sind so alt wie die Menschheit und keineswegs ein Produkt der modernen Zivilisation. Schon vor 2000 Jahren berichteten die Ägypter von Tinnitus, Krebs, multipler Sklerose und setzten pflanzliche Wirkstoffe gegen Tumore ein. Julius Cäsar und Pythagoras sollen an «Fallsucht», heute Epilepsie genannt, gelitten haben, und in Mumien fanden Forscher Blasen- und Nierensteine. Schuppenflechte, eine Autoimmunerkrankung, beschrieb bereits Hippokrates.

Doch in den letzten Jahrzehnten entwickelten sich viele Krankheiten wie Herz-Kreislauf-Erkrankungen, Tumorerkrankungen, entzündliche Darmerkrankungen, Depression, Ängste und viele andere zu Volkskrankheiten. Ist das ein Resultat von Übergewicht, Alkohol- und Tabakkonsum?

Trotz eines ungeheuren Aufwandes und Milliarden von Forschungsgeldern ist kein Licht am Ende des Tunnels zu sehen. Der Hauptgrund für die geringen Erfolge der Schulmedizin in der Verringerung beziehungsweise Vorbeugung von Krankheiten liegt aus meiner Sicht darin, dass sie sich in der Vergangenheit zu sehr auf die Physiologie des Menschen konzentriert und alle psychischen und sozialen Faktoren außer Acht gelassen hat.

Neue Denkansätze und Wege sind dringend notwendig. Nur ein durchdachtes und ausgereiftes Gesundheitskonzept, das nicht länger die Krankheit im Menschen, sondern den Menschen in seinen sozialen Wechselbeziehungen in der Familie, in der Schule und im Berufsalltag sieht, kann hier Hilfe bringen.

Unsere Gedanken lösen Gefühle aus, in denen sich unsere emotionalen Erfahrungen der Vergangenheit ausdrücken. Selbst in neuen Situationen reagieren wir mit alten, vertrauten Emotionsmustern, die längst nicht mehr angemessen, sondern selbstbehindernd und häufig sogar selbstzerstörerisch sind. Unsere Gedanken und Gefühle zur augenblicklichen Situation haben ihre Ursache fast immer in den Verletzungen unserer Kindheit.

Bei der von mir entwickelten Methode Regus mentalis geht es darum, sich den krankmachenden Verhaltensmustern zu stellen und sie aufzulösen. Dadurch werden die Ursachen von Krisen, Konflikten und Krankheiten effektiv beseitigt. Die Folge ist eine unmittelbare Verbesserung der Lebensqualität.

In **Teil I** dieses Buches beschreibe ich die wichtigsten Ursachen von Krankheiten und Krisen, die Grundlagen von Regus mentalis und wie durch diese Methode Heilung geschieht.

In **Teil II** finden Sie alles, um mit Regus mentalis den einfachen Weg der Selbstheilung zu beschreiten. Sie erfahren, wie Sie Ihre persönlichen destruktiven Verhaltensmuster aufdecken und in drei einfachen Schritten auflösen können.

In **Teil III** stelle ich Ihnen vier Persönlichkeitsprofile vor, die Ihnen ermöglichen, eine ganzheitliche Sicht Ihrer Persönlichkeit und Ihres Leben zu bekommen. Deren Kenntnis hilft Ihnen, die Menschen in Ihrer Umgebung besser zu verstehen.

In **Teil IV** berichte ich von meinen Erfahrungen – was macht uns krank, und was heilt uns? Jede chronische Krankheit bedarf der persönlichen Erkenntnis. Hier lernen Sie, welche destruktiven Überzeugungen die jeweiligen Krankheiten und Leiden verursachen. Dadurch können Sie den eigenen Überzeugungen leichter auf die Spur kommen und sie schließlich auflösen.

Es gibt gegen Stress und Schmerzen kein Wundermittel. Wenn wir im eigenen Körper untergegangen sind, weil wir unsere Emotionen verdrängt und Schmerzen vermieden haben, gibt es tatsächlich niemanden, der uns besser helfen und die Dinge wieder ins rechte Lot bringen kann als wir selbst.

Die einzige Möglichkeit, um mit Stress und Schmerzen fertigzuwerden, ist, sich ihnen zu stellen. Nur so findet man wirklich problembezogene Lösungen und inneren Frieden.

Regus mentalis, die Heilung aus eigener Kraft, ist ein einfacher Weg der Selbsterkenntnis. Emotionales Leid wie Depression, Ängste und psychosomatische Schmerzen ist in der ganz persönlichen Lebens- und Leidensgeschichte des Menschen zu finden und kann demnach auch nur im Selbst des Menschen geheilt werden. Das Selbst zu fördern und seine Fähigkeiten zu stärken bedeutet, auch unter sich ständig verändernden Lebensbedingungen in sich selbst verwurzelt zu bleiben und den Herausforderungen des Lebens mutig und voller Selbstvertrauen zu begegnen.

Meinem Entschluss, dieses Buch zu schreiben, ging voraus, dass Teilnehmer und Teilnehmerinnen meiner Seminare mir voller Freude mitteilten, wie viel freier und gelassener sie sich in Lebenssituationen bewegten, wo sie sich früher eher blockiert und hilflos gefühlt hatten. Unabhängig voneinander schrieben sie mir, wie sie sich in ihren Beziehungen behaupten und sich angstfreier und selbstsicherer unter fremden Menschen bewegen konnten. Sie spürten, wie gut und wohltuend sich diese gewachsene Selbstsicherheit anfühlte.

Nicht, dass Sie mich falsch verstehen: Die Bewältigung von Konflikten, Krisen und chronischen Krankheiten und das Vordringen zu den auf Eis gelegten Gefühlen verlangen Entschlossenheit und Mut. Doch die Anwendung von Regus mentalis macht es Ihnen leicht. Die Belohnung ist ein selbstbestimmter und selbstbewusster Lebensweg und die Hingabe an eine sinnvolle, befriedigende Lebensaufgabe.

Es ist meine feste Überzeugung, dass dieses Buch Ihnen die Chance bietet, Ihre inneren und äußeren «Quälgeister» loszuwerden, Hoffnung zu schöpfen und neue Perspektiven zu gewinnen, damit Ihr Leben wieder Sinn macht und zu einem immer wieder neuen Abenteuer wird.

Machen Sie sich auf den Weg!

TEIL I
WAS UNS KRANK MACHT UND WAS UNS HEILT

Was uns krank macht

Der Siegeszug der Schulmedizin

Über die Jahrtausende der Entwicklung der Menschheit entstanden in den verschiedenen Kulturen komplexe Vorstellungen darüber, was gesund und was krank macht und wie gesundheitliche Probleme behandelt werden sollen.

In Europa setzte sich in den vergangenen 150 Jahren die moderne Schulmedizin durch – zunächst als alleinige Methode des industriellen Medizinbetriebes, inzwischen vielfältig ergänzt um Maßnahmen aus den anderen, in Europa lange Zeit zurückgedrängten Denkwelten.

Das schulmedizinische Denksystem, wie es heute besteht, ist ein Kind der Industriegesellschaft und in seinen Grundstrukturen erst etwa 150 Jahre alt. Die Grundlagen dafür schufen Robert Koch und Louis Pasteur, die mit der Entdeckung der Bakterien als Krankheitserreger bekämpfbare Krankheitsursachen aufspürten, sowie Rudolf Virchow, der die Theorie der Zellpathologie veröffentlichte. Sie besagt, dass Krankheiten auf Störungen der Körperzellen basieren. Eine weitere Voraussetzung war die Fähigkeit, in den menschlichen Körper einzudringen, ohne allzu viel Schaden anzurichten. Erst als der englische Chirurg Joseph Lister 1870 die Wunddesinfektion entwickelt hatte, konnten medizinische Eingriffe in großer Anzahl in den Krankenhäusern durchgeführt werden, die damit ihre erste Blüte als Medizin-Fabriken erlebten.

Die Entdeckung der Bakterien als Ursache von Infektionskrankheiten führte zur heute als Irrtum erkannten Auffassung, ein keimfreies Leben könne zur Abwesenheit von Krankheiten führen. Und die Entwicklung von chemischen Substanzen, die Bakterien töten können, schuf die Grundlage der industriell herstellbaren und vermarktbaren Medizin – der Arzneimittel. Dass Antibiotika bislang die einzige Substanzgruppe blieben, die tatsächlich ursächlich in den Entstehungsprozess von Krankheiten eingreifen, hat die Entwicklung nicht in Frage gestellt. Bis heute beherrscht der Einsatz von Medikamenten die Denkwelt der Schulmedizin. Objektiven Untersuchungen halten diese Ansprüche nicht stand.

Die Erfolge der Schulmedizin sind unbestritten: In den Fällen, in denen eine einfache, aber massive Schädigung von außen oder der Mangel an einer einzelnen Substanz im Körper zu einem Gesundheitsproblem führt, hat sie viel erreicht.

Schwerste Unfälle mit daraus resultierendem Multiorganversagen können dank Unfallchirurgie und Intensivmedizin überlebt, Gliedmaßen wieder angenäht, Gelenke und Körpersäfte ersetzt werden. Vielen Patienten, die von Krampfadern gequält werden, von Hämorrhoiden oder der Parkinson-Krankheit, sichert die Medizin heute eine deutlich verbesserte Lebensqualität. Das Eingreifen bei Darmverschluss, Magendurchbruch oder Behandlungen im Rahmen der Geburtshilfe kann lebensrettend sein.

Durch immunologische Vorsorge lassen sich verschiedene Erkrankungen bei Neugeborenen vorbeugen.

Mit biochemischen Methoden können die Ärzte unterschiedlichen Drüsenabnormitäten beikommen, wie etwa einer Störung der Nebennieren, der Hypophyse oder der Schilddrüse. Anämien lassen sich wirkungsvoll per Blutaustausch bekämpfen. Antibiotika haben zur Rettung unzähliger Leben beigetragen. Fortschritte in der Anästhesie und technische Neuerungen ermöglichen der Chirurgie spektakuläre Eingriffe in den Körper.

Beim Ersatz von nicht mehr funktionierenden Organen erzielen die schulmedizinisch arbeitenden Chirurgen beachtliche Erfolge. Menschen können nun viele Jahre weiterleben, auch wenn eines ihrer lebenswichtigen Organe längst versagt hat. Für schwer Herzkranke und Dialysepatienten sowie für Menschen mit einer nicht mehr funktionierenden Leber ist das eine drastische Verbesserung der Lebenschancen.

Auch wenn die Zahl der Nutznießer insgesamt gering, die Zahl der von Unfalltoten entnommenen Organen begrenzt und der Preis auch für die Betroffenen – allein schon wegen der notwendigen immunsuppressiven Behandlung – hoch ist, prägen diese Erfolge das Bild des Fortschritts der Medizin.

Machtlos gegen die großen Killer

Wenn aber ein komplexer Prozess im menschlichen Körper zu einer langwierigen Krankheit führt, ist die Medizin heute annähernd so hilflos wie vor 100 Jahren. Bis heute ist gegen die großen Killer Herztod und Krebs ebenso wenig ein Mittel gefunden wie gegen die Plage Rheuma. Das rasche Ansteigen der Allergien, Demenzen, Depressionen und Stoffwechselkrankheiten wird ratlos beobachtet und mit einer Fülle von wenig wirksamen Maßnahmen zur Symptomlinderung beantwortet, auch wenn immer größere Diagnosegeräte und immer komplexere Behandlungsabläufe den Eindruck einer immer ausgeklügelteren Therapie erwecken.

In ihrem Streben, einzelne Laborwerte, menschliche Zellen und Gene zu beeinflussen, haben die Mediziner freilich längst den Überblick über das Ganze verloren. Das enorme Wissen über die Abläufe im Körper, bis in die Bestandteile der Zellen, wird weniger zum Verständnis der komplexen Prozesse genutzt, die zu einer Krankheit führen, sondern fast ausschließlich, um ein Gen, ein Molekül oder eine chemische Fehlfunktion zu finden, die Schuld haben und deren Ausmerzung den heilenden Segen bringt.

Trotz dieser auch von vielen Medizinern erkannten Defizite entwickelt sich das Denkmuster immer weiter: Krankheit als Betriebsschaden im menschlichen Körper ist ein einprägsames Bild, das der Medizin in der modernen Gesellschaft einen hohen Stellenwert verschafft und der Pharmaindustrie große Gewinne garantiert.

Doch der Mensch ist kein simples Räderwerk, sondern ein enorm differenziertes, lebendes System. Anstatt die eigenen Systemmängel zu erkennen, konzentriert sich der Medizinapparat darauf, neue Geräte und Analysemethoden zu entwickeln, um die Diagnose ständig zu verfeinern.

Noch ist es eine Minderheit, aber sie wächst von Jahr zu Jahr: Immerhin rund ein Drittel der Allgemeinmediziner und rund ein Fünftel der Fachärzte gaben in einer Umfrage der Zeitschrift *Brigitte* an, bei der Diagnostik von Krankheiten auch nach den gesunderhaltenden Elementen in der Geschichte ihrer Patienten zu forschen und bei den Empfehlungen zur Lebensstiländerung die Bedürfnisse und Gewohnheiten der Menschen zumindest nicht zu ignorieren. Denn Regeln und Verbote haben sich längst als unwirksame Mittel der Beeinflussung des Verhaltens erwiesen. Nur wer die Gewohnheiten und Vorlieben eines Menschen miteinbezieht, kann einen Lebensstil so beeinflussen, dass er die Gesundheit fördert.

Moderne Heilkunst denkt und handelt in vernetzten Strukturen. Sie sieht genetische Vorgaben, die Biographie von Personen und die soziale Kultur miteinander verwoben. Krankmachende und heilende Kräfte wirken auf den Menschen ein; Schmerzen lassen sich mit Aspirin bekämpfen, aber auch durch neues Glück im Alltagsleben. Einsamkeit und Prüfungsstress verringern die Abwehrkraft der Blutkörperchen, und Bakterien werden gefährlicher, wenn der Mensch sozial entwurzelt ist. Mentale Einstellungen beeinflussen die physiologische Leistungskraft von Sportlern, und Gefühle verändern die Körperchemie unmittelbar. Krebspatienten mit gutem Kontakt zu anderen Menschen haben deutlich höhere Überlebenschancen, und Placebomedikamente vermögen wundersame Heilungen auszulösen.

Dies alles sind Erkenntnisse der modernen Naturwissenschaft. Eine neue Theorie für den Organismus als lebendes System im sozialen Zusammenhang entsteht und braucht neue Konzepte für die Heilung aus eigener Kraft.

Beziehungsbereitschaft und Beziehungsfähigkeit müssen bestimmende Faktoren für die Heilung werden – denn Beziehung heilt am meisten. Bei Prävention und Heilung aus eigener Kraft denkt, fühlt und handelt man in diesen dynamischen Wechselbeziehungen und nicht mehr in eindimensionalen Ursache-Wirkungs-Ketten.

Moderne Gesundheitsförderung setzt auf die Stärkung der Persönlichkeit und ihre Befähigung, in sozialen Gruppen gemeinsam Veränderungen durchzusetzen. Heilung aus eigener Kraft geht davon aus, dass Menschen ihre Fähigkeiten dann am besten entfalten, wenn sie eigenverantwortlich handeln können und sie an den sie betreffenden Entscheidungen beteiligt werden. Auch dies formuliert die Ottawa-Charta der Weltgesundheitsorganisation deutlich: «Die sich verändernden Lebens-, Arbeits- und Freizeitbedingungen haben entscheidenden Einfluss auf die Gesundheit. Die Art und Weise, wie eine Gesellschaft die Arbeit, die Arbeitsbedingungen und die Freizeit organisiert, sollte eine Quelle der Gesundheit und nicht der Krankheit sein.»

Äußere Faktoren als Quelle der Krankheit

In den letzten 50 bis 100 Jahren haben sich unsere Lebensbedingungen radikal verändert. Die Umweltbelastung als Folge der Luft- und Wasserverschmutzung durch die ins Gigantische gewachsene Industrialisierung wirkt sich auf uns alle aus. Die Arbeitsbedingungen, bestimmt durch Konkurrenzdruck und immer komplizierter werdende Abläufe, verursachen Stress, Gefühle der Überforderung und Ausweglosigkeit. Die Folgen: die mangelnde Fähigkeit, sich in der Freizeit zu entspannen, falsche Ernährung, zu wenig Bewegung, steigender Alkohol- und Tabakkonsum, womöglich Drogen- und Medikamentenmissbrauch. Hinzu kommt die ständige Reizüberflutung durch die Medien. Ein Burn-out ist nicht selten das Ergebnis dieser falschen Lebensweise.

Natürlich sind diese äußeren Faktoren nicht zu unterschätzen. Wir sollten uns alle dafür einsetzen, dass unsere Umwelt nicht länger zerstört wird, unsere Lebensmittel nicht weiter vergiftet und unsere Arbeits- und Lebensbedingungen wieder menschengerechter werden. Das ist sicher ein langer Weg.

Doch nicht alle Menschen, die unter den gleichen schwierigen Bedingungen leben, entwickeln Krankheiten. Der Stressforscher Aaron Antonovsky hat sich intensiv mit diesem Tatbestand auseinandergesetzt; er fand heraus, dass selbst so nachhaltige Schädigungen wie Verfolgung, Gefangenschaft und Flucht nicht zwangsläufig zu dauerhaften gesundheitlichen Beeinträchtigungen führen müssen. Es gab immer eine Gruppe von Menschen, die trotz der Risikofaktoren gesund blieb. Antonovsky stellte die These auf, dass es nicht reicht, Krankheit verursachende Faktoren einzudämmen, um gesund zu bleiben.

Seine Erkenntnisse darüber, was diesen Menschen gemeinsam ist und ihnen ermöglicht, trotz Belastungen gesund zu bleiben, fasste Antonovsky mit dem Begriff «Kohärenzgefühl» zusammen – eine bestimmte Lebenseinstellung, die dazu beiträgt, tägliche Belastungen und Lebenskrisen zu bewältigen. Sie lässt sich auch als ein «überdauerndes Gefühl» des Selbstvertrauens umschreiben, das durch Schicksalsschläge und auch durch Misserfolge und Anfeindungen anderer nicht grundsätzlich in Frage gestellt wird.

Diese Erkenntnis ist eine der wichtigsten, die diesem Buch zugrunde liegen: Es ist nicht entscheidend, welchen Ereignissen wir ausgesetzt waren, sondern welche Verhaltensweisen wir entwickelt haben, um damit umzugehen. Verhaltensweisen, die uns in einer traumatischen Situation das Überleben ermöglicht und sich uns deswegen tief eingeprägt haben, erweisen sich im späteren Leben als einschränkend, blockierend, krankheitsverursachend und lebensbehindernd. Wie man diese meist auf unbewussten Überzeugungen beruhenden Verhaltensweisen mit Regus mentalis effektiv verändert und endlich ein angstfreies, erfolgreiches und sinnvolles Leben führt, erkläre ich Ihnen in diesem Buch.

Symptome einer Geiselnahme

Alltäglich sind unsere Ärzte, Psychotherapeuten und Psychiater damit konfrontiert, vielfältige Störungen, die sie beobachten, sehr detailliert und sorgfältig zu beschreiben. Sie katalogisieren, systematisieren und klassifizieren körperliche und seelische Auffälligkeiten, und schließlich erklären und bewerten sie die so beobachteten Phänomene als Symptome von Krankheiten, denen sie Namen wie Depression, Burn-out-Syndrom etc. geben.

So wird aus Eigenbrötlerei die «schizoide Persönlichkeit», aus Schüchternheit die «soziale Phobie», aus anhaltend schlechter Laune «Dysthymie», aus normaler Trauer «Anpassungsstörung», aus der Unfähigkeit zum Müßiggang eine «Freizeit-Krankheit» und so weiter. Und dann werden die entsprechenden Medikamente verschrieben.

Sicherlich können wir physische und psychische Störungen als reine Fehlfunktionen unseres Körpers ansehen. Doch zwischen Körper und Seele besteht eine enge Verbindung. Wie jeder weiß, lösen Gedanken im Gehirn chemische Reaktionen aus. Wenn wir uns freuen, schlagen die Neurotransmitter Kapriolen.

Wenn wir traurig sind, werden andere chemische Substanzen in unserem Gehirn aktiviert. Unsere Gedanken beeinflussen also stark unsere Körperchemie. Wenn man also den Körper rein als einen biologischen Organismus betrachtet, den man nur mit Chemie, also Medikamenten, beeinflussen kann, dann lässt man einen wesentlichen Teil außer Acht. Wir reparieren ja nicht mangelhaft funktionierende Maschinen, sondern Menschen, die ein vielfältiges Innenleben haben. Und dieses Innenleben wird durch die Beziehungen zu anderen Menschen, besonders zu den Eltern, entscheidend geprägt.

Die Diagnosen sind Worte, die Ärzte erfunden haben, um Krankheiten in den Griff zu bekommen. Die Diagnose ist eine Erfassung äußerer Merkmale, kann also nicht beanspruchen, eine unumstößliche Wahrheit zu sein. Doch viele Mediziner tun so, als seien Diagnosen Wahrheiten – manchmal tödliche Wahrheiten. Wenn der Therapeut die Diagnose für das Ein und Alles hält, führt er den Patienten nicht, wie in einer guten Therapie, in die Freiheit, sondern in die Unfreiheit und Abhängigkeit. Der berühmte Psychologe Paul Watzlawick meinte einmal schelmisch auf einem Symposium: «Diagnosen brauchen wir nur für die Krankenkasse.»

Das heißt natürlich nicht, dass man die körperlichen Symptome nicht in Betracht ziehen sollte; doch sie sind nur Hinweise auf sehr komplexe Zustände und bilden nur eine Ebene der Diagnose. So wie unser Körper einen biologischen Stoffwechsel besitzt, so besitzt unsere Seele einen psychischen Stoffwechsel, der Gedanken, Gefühle und Erfahrungen verarbeitet. Beide Stoffwechselsysteme beeinflussen sich gegenseitig, und man darf bei einer Diagnose nie den einen zugunsten des anderen vernachlässigen. Wenn unser physischer Stoffwechsel nicht reibungslos funktioniert, wirkt sich das auf unsere Stimmungslage aus, und wenn unser psychischer Stoffwechsel nicht richtig arbeitet, können körperliche Krankheiten auftreten.

Wird bei einem psychischen Leiden eine Behandlung mit Psychopharmaka durchgeführt, verändert der Therapeut damit nur die biologische Basis, aber nicht die gestörte Seele seines Patienten. Im Gegenteil: Er raubt dem Patienten seine zur Routine gewordenen Problembewältigungsstrategien und macht ihn noch hilfloser.

Nehmen wir als Beispiel die Frau, die mir erklärte, dass sie von außerirdischen Wesen in einem UFO entführt worden sei und diese ihr seit vielen Jahren unerträgliche Schmerzen zufügten. So wie unsere Ärzte und Psychologen sehr detailliert und sorgfältig Schmerzen als *Symptome einer Krankheit* beschreiben, beschrieb diese Frau ihre Schmerzen als *Symptome einer Geiselnahme*.

Sollte es nun tatsächlich möglich sein, eine Geiselnahme durch Einnahme eines Medikaments zu beenden? Wohl kaum. Niemand hatte diese Frau in ein UFO gezogen, und doch glaubte sie fest daran, dass sie in diesem UFO regelmäßig von Außerirdischen gefoltert wurde. Seit der frühesten Kindheit hatte sie unzählige Male unter dem Esszimmertisch Zuflucht vor ihrem gewalttätigen Vater gesucht. «Ich muss mich verstecken, sonst bekomme ich Schläge.» Dieses Verstecken unter dem Esszimmertisch hatte die *Not* in ihrer Kindheit *gewendet*. Später, als erwachsene Frau, erinnerte sie ihr Körper fortwährend an die Schmerzen der Schläge und ihre Bewältigungsstrategie. Mit Regus mentalis konnte sie ihre «zweite Existenz im UFO» *sterben lassen.* In den Wochen darauf verschwand mehr und mehr ihre schmerzvolle Krankheit Fibromyalgie.

Eines verstehen wir jetzt: Diese Frau hat in ihrer Kindheit Erfahrungen gemacht, die in ihr tiefe Spuren hinterlassen haben – und sie hat gelernt, was sie tun muss, um zu überleben. Und in diesen Erfahrungen und Überzeugungen ist sie gefangen. Wenn sie ihre Erfahrungen aus ihrer Kindheit und die damit verbundene Vorstellung einer Geiselnahme durch Außerirdische nachhaltig verändern kann, verändert sie auch ihre körperlichen Symptome – was letztendlich auch geschah. Mit Medikamenten konnte sie zwar zeitweise die Schmerzen unterdrücken, eine Heilung fand dadurch aber nicht statt. Erst durch die Veränderung ihres persönlichen Glaubenssystems wurde sie ihre Schmerzen für immer los.

Diese Aussage ist radikal – sagt sie doch, dass Bewusstsein mächtiger ist als die Chemie. Und das heißt auch, dass wir bei den meisten Krankheiten einen Erkenntnisprozess in Gang bringen müssen, wenn wir eine vollständige Heilung und nicht nur eine zeitweilige Unterdrückung der Symptome erreichen wollen. Regus mentalis ist eine Methode, die dabei hilft, genau diesen Erkenntnisprozess auszulösen und uns damit aus dem Gefängnis unserer Konflikte, Krisen und Krankheiten zu befreien.

Die Überlebensreaktion

Immer wenn wir in eine wirklich oder vermeintlich bedrohliche Situation geraten, setzt unser Körper eine Menge Energie frei, um genügend Kraft zu haben, den Gefahren zu begegnen – eine sehr wichtige Reaktion zum Schutz unseres Lebens. Doch im Laufe der menschlichen Evolution haben sich unsere Lebensumstände drastisch verändert. Wir leben nicht mehr in der Wildnis, sondern oft in den Steinwüsten unserer Städte. Gefahr für unser Leben geht nicht mehr von wilden Tieren aus, sondern eher von wild gewordenen Autofahrern. Und unsere Bedrohungen sind subtiler: ein tyrannischer Chef, ein missgünstiger Kollege, die Angst vor dem Verlust des Arbeitsplatzes. Wenn wir uns bedroht oder unter Druck fühlen, erzeugen unsere Emotionen einen Adrenalinschub, eine Art Energietornado, den wir jedoch in den meisten Fällen nicht ausagieren und so abbauen können. Wer kann sich schon leisten, seinen Chef anzuschreien? Die gestaute Energie in Form von Frustration, Ärger, Verzweiflung bleibt also im Körper, und daraus entwickeln sich im Laufe der Zeit körperliche und seelische Krankheiten.

Nun können wir den Arbeitsplatz wechseln, einen neuen Chef und nettere Kollegen finden und dadurch den Stress auflösen. Das funktioniert auch manchmal. Doch in der Regel machen wir die immer gleiche Erfahrung: Auch der neue Chef entpuppt sich als Ekelpaket und die Kollegen erweisen sich als nicht so nett, wie sie zuerst erschienen sind.

Woran liegt das? Ich habe schon davon gesprochen und werde es auch mehrfach wiederholen, weil es so ungeheuer wichtig ist: Wir reagieren nicht auf die Situation, sondern gemäß unseren inneren Überzeugungen, die wir in unserer Kindheit gewonnen haben, und sie bestimmen weiterhin unser gesamtes Handeln, obwohl wir uns nicht mehr in einer lebensbedrohenden Situation befinden: «Ich muss lieb sein, sonst erfahre ich die Willkür meiner Mutter», «Ich darf mich nicht wehren, sonst schlägt mich mein Vater», «Ich mache immer alles falsch», «Keiner liebt mich». So finden wir uns in der immer gleichen Situation wieder und sehen uns mit den immer gleichen Problemen konfrontiert.

Wir übertragen also diese alten Überzeugungen auf neue Situationen: «Ich darf mich nicht wehren, sonst schmeißt mich der Chef raus» oder «Die Kollegen lieben mich alle nicht».

Im Laufe der Zeit stauen sich die unterdrückten Gefühle, Wut und Frustration, immer mehr an. Die traurige Folge: Wir werden immer stärker von unseren Ängsten geplagt und fühlen uns im Umgang mit uns selbst und anderen immer schlechter und verzweifelter. Schließlich drücken sich diese unterdrückten Gefühle in einer körperlichen Krankheit aus. Da diese Krankheit keine physischen Ursachen hat, schlagen alle Heilungsversuche der konventionellen Medizin wie Medikamente oder sogar chirurgische Eingriffe fehl, und sie wird chronisch. Denn nur wenn die psychischen Ursachen aufgelöst werden, kann eine körperliche Heilung stattfinden.

Es geht also darum, tief verankerte Überzeugungen aufzulösen, damit wir uns endlich von unseren nicht mehr passenden Überlebensstrategien befreien und uns damit wieder viele Möglichkeiten des Handelns zur Verfügung stehen.

Ein emotionaler Energietornado

Wenn wir uns zurückgewiesen, unwichtig, missachtet und erniedrigt fühlen, versuchen wir, damit fertigzuwerden – so sind Zwänge, Angststörungen, Depressionen und Verhaltensweisen, die oft als «krankhaft» bewertet werden, Selbsthilfemechanismen unserer Seele. Sie sind «für etwas gut», auch wenn sie mit Einschränkungen für alle Beteiligten verbunden sind. Angst hat zum Beispiel eine wichtige, überlebensnotwendige Funktion. Unsere Angst informiert uns, dass unsere Psyche ein Problem hat, das es zu lösen gilt. Krankheiten sind meistens Ausdruck fehlgeschlagener Bewältigungsstrategien. In Teil 4 in der Beschreibung der Krankheiten werde ich ausführen, welche inneren Überzeugungen ihnen jeweils unterliegen.

Äußere Umstände und unser soziales Umfeld werden von uns ununterbrochen emotional eingeschätzt, gedanklich bewertet und mit körperlichen Reaktionen beantwortet: Ob die Gefahr von einem Gepard oder einem cholerischen Partner ausgeht, ob der Computer streikt, wir uns über eine Kollegin ärgern, mit unseren Kindern streiten oder einen Todesfall verkraften müssen – in uns entsteht ein emotionaler Energietornado, der sich in körperlichen Reaktionen manifestiert.

Die Bedeutung von Emotionen liegt darin, den Organismus mit überlebensorientierten Verhaltensweisen zu versorgen. Sie setzen Kaskaden von Prozessen in Gang, die zum emotionalen Ausdruck führen, ohne dass wir uns des emotionalen Auslösers bewusst sein müssen. Selbst positive Ereignisse wie die Geburt unseres Kindes, die Hochzeit, ein neuer Job oder die Beförderung werden mit Emotionen beantwortet. So kämpft die Braut vor dem Altar mit den gleichen Symptomen wie der Hochleistungssportler vor dem Wettkampf oder der Angestellte, der zum Chef gerufen wird: Die Muskelspannung erhöht sich, der Atem geht schneller, das Herz rast, alle Sinne sind eingeschränkt.

Emotionen führen zur Ausschüttung chemischer Moleküle und damit zu einer umfassenden und tiefgreifenden Änderung des Zustandes unseres Körpers. Uns selbst wird unser innerer Zustand durch das Empfinden der körperlichen Reaktionen bewusst. Wir alle wissen aus eigener Erfahrung, wie Angst die Kehle zuschnürt oder das Herz rasen lässt, Wut den Blutdruck hochtreibt, Traurigkeit uns lethargisch macht, Ekel Übelkeit verursacht und Glück uns berauscht.

Emotionen haben also eine wichtige Funktion. Sie zeigen uns, ob wir uns in einer sicheren Situation befinden oder ob uns eine wie auch immer geartete Gefahr droht. Und bei Gefahr, einer wirklichen oder vermeintlichen, schaltet unser Körper auf Alarm und löst einen Energietornado aus.

Wildlebende Tiere benutzen in lebensbedrohlichen Situationen diesen Energietornado für eine Flucht- oder Kampfreaktion. Wenn beides nicht möglich ist, kommt es zu einem «Sich-tot-Stellen» als Abwehr. Wenn also die Antilope dem sie jagenden Geparden nicht entkommen kann, fällt sie erstarrt zu Boden. Diese Immobilitätsreaktion ist einerseits eine allerletzte Überlebensstrategie und andererseits ein veränderter Bewusstseinszustand, in dem kein Schmerz mehr gespürt wird – eine Art Koma als gezielte Schmerzabwehr.

Für uns Menschen in einer modernen Gesellschaft ist in bedrohlich empfundenen Situationen Flucht oder Kampf nicht die erste Wahl. Stattdessen erstarren wir und verhalten uns scheinbar ruhig und angepasst, während in uns hochexplosive Gefühle wüten.

Statt zu kämpfen oder zu flüchten stellen wir uns tot – und erkranken.

Die soziale Isolation

Körperliche und seelische Störungen entstehen nicht direkt durch unsere traumatischen Erlebnisse, durch Mobbing, Gewalterfahrungen, plötzliche Verluste oder schwere Krankheiten, sondern indirekt durch uns selbst, in dem wir uns tot stellen, unsere Gefühle auf Eis legen, um innere Konflikte zu vermeiden. Und wir haben eine breite Palette von Vermeidungsstrategien entwickelt, um uns mit dem emotionalen Leid nicht auseinandersetzen zu müssen. Wir können es ignorieren, ausblenden, verdrängen, herunterspielen, abwerten, bagatellisieren – doch damit löst sich die emotionale Ladung nicht auf. Auch wenn die belastenden Erlebnisse längst Vergangenheit sind, bleibt die Energie der verdrängten Gefühle im Nervensystem hängen und wirkt sich verheerend auf Körper und Seele aus. Wenn wir die Gefühle, die wir «auf Eis gelegt haben», nicht zum «Auftauen» bringen, können sie sich zu Krankheiten entwickeln oder uns sogar in die soziale Isolation treiben, wie das folgende Beispiel zeigt.

Die 32-jährige Klientin fiel wegen ihrer Körperfülle auf. In der Vorpubertät begann die junge Frau nach eigenen Angaben übermäßig zu essen. Sie berichtete, dass sie deswegen von ihrer Mutter, zu der die Beziehung schon immer problematisch gewesen sei, harsch kritisiert und mit totalem Kommunikationsentzug, teilweise über Wochen, bestraft worden sei. Aus Trotz und Wut sowohl gegen ihre Mutter, von der sie nie Anerkennung erfahren habe, als auch gegen sich selbst habe sie daraufhin erst recht gegessen, bevorzugt Süßigkeiten.

Nach ihrer Ausbildung trat sie ihre erste Stelle in einem Heim der öffentlichen Erziehungshilfe an. Die Arbeit dort geriet zu einem Desaster. Die junge Frau konnte sich nie gegenüber den Kindern behaupten und wurde auch wegen ihres extremen Übergewichts aufgezogen. Sie fühlte sich zunehmend «gemobbt». Beruflich gescheitert, fast völlig isoliert, erkrankte sie an einer schweren Depression und ließ sich stationär aufnehmen. Nach der Entlassung traute sie sich nicht mehr, die Berufstätigkeit wieder aufzunehmen, nach dem Motto: «Lieber kommuniziere ich mit niemanden mehr, als erleben zu müssen, dass niemand mit mir kommuniziert».

Diese «soziale Isolation» in der einen oder anderen Form kennen wir alle aus unserer Kindheit und wahrscheinlich auch aus unserem Beziehungsalltag; wie oft fühlen wir uns übersehen, abgelehnt, verletzt oder sogar verfolgt. In diesem emotionalen Stress kommt es immer wieder zu einem Abrutschen in vertraute innere Bilder. Plötzlich ist man «in seinem Film», und die Macht der Gefühle überwältigt einen völlig. Wir fühlen uns diesem Energietornado hilflos ausgeliefert.

Doch die gute Nachricht ist: Wir haben es in der Hand, diese verdrängten Gefühle ins Bewusstsein zu holen und ihnen damit die Macht zu nehmen, die Kindheitstraumata zu heilen, das Leid der frühen Jahre zu lindern, von einem unsicheren Kind, das Vernachlässigung, Ignoranz und Misshandlungen erleiden musste, zu einem selbstsicheren Erwachsenen zu werden – diese positive Entwicklung ist möglich!

Die neuesten Erkenntnisse der Hirnforschung bestätigen das, denn Struktur und Funktion unseres Gehirns sind bis ins hohe Alter durch positive Beziehungserfahrungen, neue Verhaltensweisen und Lernen veränderbar. Dadurch können auch früh zugefügte seelische Verletzungen verheilen.

Doch die Kindheit, die wir hatten, ist durch nichts zu verändern, und wir sollten sie auch nicht schönreden. Die Wunden, die wir erlitten haben, werden hin und wieder schmerzen. Wir können diese frühen Erfahrungen nicht wegzaubern, aber wir können lernen, ihre Macht zu schmälern. Die Art und Weise, wie wir selbst über uns denken und uns anpassen, ist auf unsere frühen Beziehungen zu unseren Eltern zurückzuführen. Wir sollten nicht übersehen, dass sich das Kind an sein soziales Umfeld anpasst. Es entwickelt Verhaltensstrategien und Überzeugungen, wie die Welt funktioniert, aus den Erfahrungen, die es mit seinen Eltern macht. Ein Kind, das in einer harmonischen Ehe mit liebevollen Eltern groß wird, entwirft natürlich ein anderes Weltbild und andere Überzeugungen als ein Kind, das in einer dysfunktionalen Familie mit einem gewalttätigen Vater heranwächst. Aber selbst unter guten Bedingungen sind seelische Verletzungen des Kindes unvermeidlich.

Wir haben alle bewusste oder unbewusste Glaubenssätze aus unserer Kindheit ins Erwachsenenalter mitgenommen, die uns einschränken und uns unser Potenzial nicht ausleben lassen wie zum Beispiel «Nur wenn ich viel leiste, mag mich jemand» oder «Ich darf nicht auffallen, sonst werde ich abgelehnt».

Halten Sie doch an dieser Stelle ein paar Minuten inne und überlegen Sie, welche Sätze aus Ihrer Kindheit in Ihnen lebendig geblieben sind. War es «Mami mag dich nicht, wenn du so laut bist» oder «Du wirst es nie zu etwas bringen» oder «Das Leben ist ein Kampf, und wenn du nicht kämpfst, gehst du unter» oder «Intelligenz ist nicht deine Stärke, du bist eher der praktische Typ»?

Notieren Sie ruhig schon einmal Ihre Gedanken, auch wenn Sie sich nicht vorstellen können, wie Sie das befreien soll. Im zweiten Teil werden Sie erfahren, wie Sie sich aus dem Würgegriff dieser Sätze selbst befreien und damit Ihren Körper und Ihre Seele heilen können.

Liebesenttäuschung als Quelle von Angst und Stress

Lehnen Sie sich bitte zurück, atmen Sie tief durch und versetzen Sie sich einmal einen Moment lang in die Zeit zurück, als Sie noch ein Kind waren.

Vielleicht können Sie sich erinnern, was Sie damals gefühlt, gedacht, gespürt haben. Dass Sie mal Cowboy oder eine Fee werden wollten und sich im Moment verloren, nur im Augenblick lebten. An die Momente der Rührung, als Ihre Eltern Sie in den Armen hielten und sich über jede Regung und Bewegung von Ihnen freuten, sie ihnen einen Lächeln schenkten und ihre Augen sich mit Tränen der Rührung füllten. Wie Sie voller Stolz versuchten, es Ihren Eltern nachzumachen und sich auf den Beinen zu halten und im Leben zurechtzufinden – und Ihre Eltern hingerissen waren von diesen Momenten. Und Sie alles getan haben, um geliebt und so gesehen zu werden, wie Sie sind, und nicht wie Sie sein sollten. Voller Sehnsucht, erkannt und anerkannt zu werden. Geliebt zu werden in Ihrem Wesen, mit Ihren Stärken und Schwächen, so wie es sich Ihre Eltern auch für sich gewünscht haben.

Fällt es Ihnen schwer, sich selbst mit diesem offenen Blick zu betrachten? Wenn Sie ehrlich sind, wird Ihr Blick auf sich selbst bis heute durch Sorgen und Ängste, Hoffnungen und Erwartungen gefiltert. Und das ist nicht ohne Grund so.

Es sind die Ängste und Sorgen unserer Eltern, die bangten, ob aus ihren Kindern etwas Richtiges wird, und die bisweilen darüber verzweifelten, dass ihre Kinder ganz anders waren, als sie es sich vorstellen. Mit ihren Vorstellungen davon, was richtig und falsch, gut oder böse ist, haben sie uns auf das Leben vorbereitet – und haben vielleicht selten darüber nachgedacht, was *unsere* Bedürfnisse, Hoffnungen oder Sehnsüchte waren. Wir hatten zu folgen und uns zu fügen, mal mehr, mal weniger. Und wir sollten funktionieren, mal weniger, mal mehr.

Neurobiologen und Entwicklungspsychologen, die die Entwicklung von Kleinkindern erforschten, haben herausgefunden, dass unsere Kinder als Liebende geboren werden. Liebe ist eine angeborene Verhaltensreaktion. Das Neugeborene sucht sofort nach Nähe und Geborgenheit, um sein Bedürfnis nach Zugehörigkeit zu stillen. Deshalb tut das Baby auch alles, was es kann, damit Liebe gelingt – und nicht nur die zu den Eltern.

Verlieren wir als Baby den Menschen unseres Vertrauens einmal aus den Augen, schreien wir uns die Seele aus dem Leib. Wir fühlen uns verlassen, fürchten uns vor dem Nichts und haben Todesangst. Nur ein Lächeln oder Streicheln unserer Mutter oder unseres Vaters kann uns jetzt erlösen. Durch die Zärtlichkeit der Eltern lernen wir mit jeder Zelle unseres Körpers, dass wir geliebt werden, dass wir richtig und wichtig sind.

Nicht alle Kinder haben das Glück, in eine Welt hineinzuwachsen, in der sie die Erfahrung von liebevoller Geborgenheit machen können. Aber jedes Kind ist bereit, alles zu tun, um sein tiefes Bedürfnis nach Verbundenheit und Zugehörigkeit zu stillen. Wenn es sein muss, übernehmen wir als Kind die Rolle, die sich unsere Eltern von uns wünschen – was nicht selten irgendwann später dazu führt, dass wir uns selbst nicht mehr mögen. Wir bekommen zunehmend Angst davor, uns selbst zu lieben, und sind gleichzeitig wütend darüber, dass wir wesentliche Teile von uns nicht leben können. Oder wir machen die Erfahrung, dass, egal wie sehr wir uns auch anstrengen, wir es unseren Eltern nie recht machen können. So bleibt uns keine andere Wahl, als unsere Bedürfnisse nach Zugehörigkeit zu unterdrücken und uns den elterlichen Erziehungsversuchen zu entziehen.

Doch das Schlimmste, was uns als Kind passieren kann, ist der Verlust des Vertrauens in die Liebe unserer Eltern. Wenn wir die Erfahrung machen müssen, dass wir die Liebe unserer Eltern nicht erringen können, ganz gleich, was wir alles unternehmen, werden wir von Verunsicherung, Ohnmacht, einem Gefühl der Wertlosigkeit und Angst überschwemmt.

Wenn wir spüren, dass wir abgelehnt oder nicht beachtet werden – was noch schlimmer ist –, leiden wir über alle Maßen und suchen nach Lösungen, die unseren Schmerz lindern können. Wir nehmen, was wir kriegen können: Computerspiele,

Drogen, Gewalt gegen andere – Ersatzbefriedigung und Ersatzsicherheiten.

Das Gefühl, nicht wahrgenommen, nicht gesehen zu werden, bedeutet auch, nicht zeigen zu können, was in einem steckt. Die tiefe Überzeugung, nicht richtig und deswegen immer ein Versager zu sein, verhindert, dass man seine Fähigkeiten und Potenziale ausprobiert. Man lebt in einer ständigen Versagensangst und unter einer dauernden seelischen Anspannung.

Eine solche Liebesenttäuschung ist die Quelle unserer Ängste und der damit verbundenen inneren Erregung, die den Körper in einem permanenten Alarmzustand hält, den wir Stress nennen.

Die vielen Gesichter der Angst

Angst ist ein urmenschliches Gefühl, das uns das Leben retten kann. Sie hilft uns, Gefahren zu erkennen und darauf zu reagieren, mahnt uns zu Vorsicht und erhöhter Aufmerksamkeit. Begründete Furcht verschafft uns die nötigen Energien, um entschlossen zu handeln, Schutzmaßnahmen zu ergreifen oder Herausforderungen anzunehmen und unsere Kräfte zu mobilisieren.

Die Angst hat also eine Art Alarmfunktion; ohne die Fähigkeit, Angst zu erleben, würden wir uns in Situationen begeben, die das Weiterleben gefährden könnten.

Im modernen Leben finden wir uns ständig in Situationen wieder, die Ängste auslösen: Wir machen uns Sorgen um geliebte Menschen, fürchten, dass wir Geld oder den Arbeitsplatz verlieren, zittern vor einem Gespräch mit dem Vorgesetzten, haben bei Flugreisen ein flaues Gefühl im Magen und es graut uns vor dem Zahnarzttermin. Manche Situationen werden als Bedrohung erlebt (der Zahnarztbesuch zum Beispiel), obwohl von ihnen objektiv keine wesentliche Gefahr ausgeht.

Jeder Mensch hat dabei ein unterschiedliches Angstniveau, das von einem mulmigen Gefühl bis hin zu heftigen Angstattacken mit deutlichen körperlichen Beschwerden reicht. Der eine steigt gelassen ins Flugzeug und freut sich sogar, wenn die Maschine in den blauen Himmel abhebt, der andere übersteht den Flug nur mit Beruhigungstabletten oder vermeidet die Reise über den Wolken nach Möglichkeit ganz.

Wir alle kennen die körperlichen Symptome von Angst: Herzrasen, weiche Knie, schneller Atem, zugeschnürte Kehle, Schweißausbrüche. Auf der Verhaltensebene stellt Angst uns vor die Entscheidung, sich entweder dem Problem zu stellen und zu kämpfen (Kampf), sich der ängstigenden Situation zu entziehen (Flucht) oder sich tot zu stellen, in der Hoffnung, dass alles gut geht.

Doch alle Ängste als angeboren zu erklären, wäre ein fataler Fehler, denn die meisten Ängste sind gelernt oder, noch häufiger, von unseren Bezugspersonen übernommen worden. Das Baby lernt die Welt über die Mutter kennen, und wenn sich die Mutter vor Spinnen fürchtet, lernt auch das Baby, sich vor Spinnen zu fürchten. Woher soll es wissen, dass Spinnen harmlos sind (jedenfalls die in Europa üblichen) und ihm nichts anhaben können?

Angststörungen gehören mit zu den häufigsten psychischen Leiden. Zudem gibt es kaum eine psychische Störung – und ich behaupte auch, dass es kaum eine körperliche Krankheit gibt –, die nicht mit Angst einhergeht. Immer wieder habe ich festgestellt, dass nicht nur eine ungewöhnliche Angst den betreffenden Menschen leiden lässt, sondern dass bei ihm auch körperliche Beschwerden bestehen.

Man schätzt, dass 70 Prozent aller Menschen irgendwann in ihrem Leben eine Angststörung erleiden. Bei Frauen tritt das etwa doppelt so häufig auf wie bei Männern. Angststörungen erweisen sich als sehr beständig, auch wenn die meisten Kinder ihre übergroßen Ängste mit der Zeit verlieren. Bei Erwachsenen, die unter Ängsten leiden, lassen sich die Probleme in der Regel bis in ihr Kindesalter zurückverfolgen; insofern sind Kindheit und Jugendzeit als die kritischen Lebensphasen anzusehen, die darüber entscheiden, ob es bei einer erträglichen Ängstlichkeit verbleibt oder ob sich eine Angststörung entwickelt. Eines ist den unterschiedlichen Formen der Angst gemeinsam: Die Quelle der Angst wird jeweils nach außen projiziert.

Bei spezifischen Phobien, wie Spinnenphobie, Klaustrophobie, die Angst vor geschlossenen Räumen, etwa vor Aufzügen oder dunklen Kellern, bezieht sich unsere Angst auf eindeutig definierte Objekte oder Situationen. Diese werden daher nach Möglichkeit gemieden oder, sofern dies nicht möglich ist, nur mit großer Anspannung ertragen. Dabei wird unsere Angst auch dadurch nicht gemindert, dass alle anderen Menschen uns versichern, das furchterregende Objekt oder die gefürchtete Situation sei doch eigentlich harmlos und unsere Angst somit unangemessen und unvernünftig.

Allein die Vorstellung, mit einem solchen Objekt zusammenzutreffen oder sich in einer entsprechenden Situation wiederzufinden, macht Angst. Wir werden unseres Lebens nicht mehr froh, weil unsere Gedanken ständig um den vermeintlich bedrohlichen Gegenstand oder die prekäre Situation drehen und wir keinen Ausweg wissen.

Der 13-jährige Kevin lebt zusammen mit seiner Mutter, die unter einer chronischen Alkoholabhängigkeit leidet. Kurze Phasen der Alkoholabstinenz nach einem Entzug werden immer wieder von Rückfällen abgelöst. Kevin schildert, wie er abends ein Fernsehprogramm zusammenstellen *muss*, das seiner Mutter gefällt. Er versucht damit, seine Mutter vor dem Fernseher zu halten, damit sie nicht noch einmal das Haus verlässt, um sich Alkohol zu kaufen. Misslingt sein Tun, fühlt er sich als Versager. Seine Versagensangst ist geboren.

Ein Leben in Angst ist schwer zu ertragen; Freude und Vitalität sind verschwunden. Alles erscheint grau und bedrohlich und ohne Ausweg.

Plötzlich ist er da – der Schmerz

Manchmal zeigt er sich ganz leise, um sich dann allmählich zu steigern, ein anderes Mal kommt er mit aller Wucht: Schmerz macht den meisten Menschen Angst. Er scheint unberechenbar zu sein, und wir fühlen uns ihm in der Regel ausgeliefert. In der heutigen Zeit gibt es unzählige Theorien, die versuchen, die Komplexität des Schmerzerlebens zu erfassen. Die Schulmedizin geht davon aus, dass es einen Schmerzsinn gibt. Schmerzempfinden wäre demnach eine Sinnesqualität wie zum Beispiel Sehen, Hören, Riechen, Schmecken und Tasten. Ich beschäftige mich nun schon über fünfzehn Jahre intensiv mit dem Thema Schmerz und dem Umgang damit und bin zu dem Schluss gekommen, dass Schmerzen oftmals aufgrund unserer Verhaltensweisen entstehen.

Natürlich empfinden wir auch Schmerz, wenn wir uns stoßen, einen vereiterten Zahn haben oder uns aus Versehen mit dem Messer in den Finger schneiden. Dann müssen die gewohnten Methoden der Schmerzbeseitigung eingesetzt werden: Wir kühlen die geprellte Stelle mit Eis, gehen zum Zahnarzt oder packen ein Pflaster auf die Schnittwunde.

Doch hier beschäftigen wir uns mit der Frage, was der Grund von Schmerzen ist, die nicht auf einer äußeren Einwirkung beruhen. Nach der allgemeinen Ansicht der Schulmedizin ist die Ursache von chronischen Schmerzen eine Dauerschädigung im Körper; so lösen zum Beispiel bei Rückenschmerzen verrutschte Wirbel die Qualen aus und müssen durch eine Operation wieder in die richtige Position gebracht werden.

Ich habe in meiner Arbeit herausgefunden, dass chronischer Schmerz immer ein Anzeichen für innere Zerrissenheit ist. Er weist auf einen ungelösten Konflikt hin, auf innere Widersprüche, auf nicht gelebte Persönlichkeitsanteile, die sich auf diese Weise Gehör verschaffen. Werden diese Konflikte ins Bewusstsein geholt und angeschaut, verschwinden auch die chronischen Schmerzen, so wie im Auto das Öllämpchen ausgeht, wenn wir Öl nachgefüllt haben. Es ist also ein Erkenntnisprozess notwendig, der die tiefliegenden Ursachen ins Bewusstsein bringt, damit man die durch den Konflikt fixierten Verhaltensweisen auflösen kann und sich neue Möglichkeiten des Handelns eröffnen.

Ich möchte Ihnen, liebe Leserinnen und Leser, eine neue Sichtweise präsentieren, die Ihnen ermöglicht, die eigene Psyche und den eigenen Körper besser zu verstehen, die mentale Selbstveränderung als eine effiziente Methode zu begreifen und sich damit selbst zu helfen.

Doppelbindungen

Sicherlich haben Sie schon einmal von «Doppelbindungen», englisch double-bind, gehört. Die Double-Bind-Theorie wurde von einer Gruppe um den Anthropologen und Kommunikationsforscher Gregory Bateson (1904–1980) entwickelt, um die Entstehung von Psychosen zu erklären.

Unter Doppelbindung versteht man Aussagen, in denen die Botschaft der Worte etwas anderes sagen, als Tonfall, Körperhaltung und Mimik vermitteln. Wir kennen alle Beispiele davon aus unserem Alltagsleben. Auf die Frage «Was ist los mit Ihnen?» wird geantwortet «Es ist alles in Ordnung», obwohl die Leidensmiene und die zusammengesunkene Haltung das Gegenteil ausdrücken.

Das Problem besteht nun darin, dass die empfangende Person nicht entscheiden kann, welche der sich widersprechenden Aussagen sie als wahr betrachten soll. Nimmt sie den gesprochenen Satz für bare Münze und vernachlässigt die leidende Mimik, fühlt die andere Person sich nicht gesehen und nimmt das übel.

Wenn sie aber sagt: «Das stimmt doch nicht», dann bezichtigt sie die andere der Lüge, was diese als Beleidigung empfindet. Die empfangende Person steckt also in einer Zwickmühle. Ganz gleich, wie sie reagiert, sie kann es nur falsch machen.

In diesem Beispiel hat die Reaktion der Person, die die doppeldeutige Botschaft empfängt, keine schlimmen Konsequenzen. Sie wird höchstens die andere Person verärgern und kann in der Unterhaltung auf ein anderes Thema ausweichen. Oder – wenn in der Kommunikation immer wieder Doppelbindungsbotschaften auftauchen – den Kontakt zu diesem Menschen abbrechen. In den seltensten Fällen wird es ihr psychisches Gleichgewicht dauerhaft beeinträchtigen.

Problematischer sind solche Widersprüche im familiären Umfeld. Viele Kinder werden in der Familie mit Doppelbotschaften konfrontiert. Der Vater sagt: «Komm her, ich liebe dich» und schlägt das Kind kurz darauf. Die Mutter sagt, wie sehr sie sich auf das Kind gefreut hat, vermittelt aber unterschwellig ihre Wut, dass sie nun ihren geliebten Beruf nicht mehr ausüben kann. In all diesen Fällen weiß das Kind nicht, woran es ist. Wenn es zum Vater kommt, wird es geschlagen, wenn es sich vom Vater fernhält, wird es bestraft und auch geschlagen. Die Mutter sagt, sie freut sich, dass das Kind da ist – warum ist sie dann so wütend? Die Welt, in der es lebt, ist nicht sicher und berechenbar. Ganz gleich, wie es sich verhält, es wird bestraft. Von daher kann es kein Vertrauen in die Welt entwickeln, das es unbedingt für seine gesunde seelische und körperliche Entwicklung braucht.

Die Folgen dieser Doppelbindungsbotschaften führen nun nicht immer gleich zu Psychosen, aber häufig zu übermäßiger Angst und Panikattacken in harmlosen Situationen, zu Furcht vor emotionalen Bindungen, zum Einfrieren von Gefühlen und schließlich zu körperlichen Erkrankungen.

Wir alle wurden in unserer Kindheit mit mehr oder weniger starken Doppelbindungsaussagen konfrontiert. Wenn es uns nicht gelingt, die widersprüchlichen Botschaften in unser Bewusstsein zu holen und aufzulösen, dominieren sie unser Leben und machen es uns unmöglich, ein angstfreies und selbstbestimmtes Leben zu führen.

Was uns heilt

Die Definition von Gesundheit

Auf die Frage «Was ist Gesundheit?» antworte ich immer:

«Gesundheit ist die Begabung jedes Einzelnen, gegensätzliche Kräfte von innen und außen immer wieder zu versöhnen, sodass sie ein fruchtbares Ganzes bilden.

Gesundheit bedeutet Wandlungsfähigkeit und muss immer wieder neu erkämpft und behauptet werden. Gesundheit ist die Fähigkeit, trotz Leiden und Anfechtung ein sinnvolles, erfülltes Leben zu führen und sein Potenzial zu entfalten.»

Die wichtigste Größe, die unsere Gesundheit bestimmt, sind unsere Überzeugungen, wie wir mit anderen leben, wohnen, essen, arbeiten und mit uns und den anderen fühlen sollen. Die Grundlagen einer robusten Gesundheit sind Zuversicht, Selbstvertrauen, positives Selbstwertgefühl, realistische Selbsteinschätzung, Neugier auf das Leben und eine innere Überzeugung, wichtige Ereignisse im Leben selbst beeinflussen zu können.

«Gesundheit wird von Menschen in ihrer alltäglichen Umwelt geschaffen und gelebt: dort, wo sie spielen, lernen, arbeiten und lieben. Gesundheit entsteht dadurch, dass man sich um sich selbst und für andere sorgt, dass man in die Lage versetzt ist, selber Entscheidungen zu fällen und eine Kontrolle über die eigenen Lebensumstände auszuüben sowie dadurch, dass die Gesellschaft, in der man lebt, Bedingungen herstellt, die all ihren Bürgern Gesundheit ermöglichen.»

Dieses zitierte Leitmotiv der Ottawa-Charta zur Gesundheitsförderung beschreibt auch das Leitbild von meiner Arbeit.

Heilung aus eigener Kraft

Die Erfolge der modernen Medizin sind beeindruckend. Für die Behandlung der meisten Krankheiten stehen hochwirksame Medikamente zur Verfügung, eine ausgeklügelte Technik erlaubt selbst komplizierte Operationen – so können wir die Behandlung unserer Krankheit oft weitgehend passiv in die Hände der Ärzte legen. Doch im Zuge dieser Erfolgsgeschichte einer Akutmedizin ist ein wesentlicher Faktor ins Abseits geraten, dessen Potenzial wir wieder neu entdecken müssen: die Kraft der Selbstheilung.

Der Freund eines Bekannten, Michael, war von Morbus Crohn betroffen, einer heimtückischen Krankheit, die ihn trotz seines jungen Alters langsam von innen auffraß. Jeder Stress führte zu neuen Schüben und verschlimmerte den Zustand weiter, und zwar massiv. Er hatte seinen anstrengenden Job als Korrespondent schon lange aufgeben müssen. Besonders prekär war, dass sein Bruder Professor der

Medizin ist und ihm seit Jahren nicht helfen konnte. Er selbst hatte sich natürlicherweise viele Jahre ohne Erfolg mit diesem Thema auseinandergesetzt, unzählige Foren besucht und Fachbeiträge gelesen. Erst in der selbstkritischen Auseinandersetzung mit Hilfe der Methode Regus mentalis hatte er für sich selbst verstanden, dass seine Krankheit nicht damit angefangen hatte, dass ihn seine Frau betrogen und sitzen gelassen, er sich deswegen wertlos und beschämt gefühlt hatte und glaubte, zu Recht auf die Frauen schimpfen zu können – sondern damit, dass er selbst seine Frau zur Heirat gezwungen hatte, obwohl er ganz genau wusste, dass sie ihn nicht liebte. In diesem Augenblick erkannte er seinen eigenen emotionalen Anteil und konnte sich von seinen Gefühlen der Wertlosigkeit und Wut befreien.

Nach der Lektüre meines Buches wird Ihnen hoffentlich klar sein, dass ein schmerzvolles oder schmerzfreies Leben oftmals in unseren eigenen Händen liegt. Unser Bewusstsein ist nicht nur ein wesentlicher Bestandteil körperlichen Wohlbefindens, sondern die absolute Grundlage unseres Daseins. Unser Wahrnehmen, Denken und Fühlen bildet die Realität nicht ab, wie sie ist, sondern wie wir glauben, wie sie ist. Die Dinge sind nicht, wie sie sind; sie sind, wie wir sie sehen. Das heißt, unser Bewusstsein schafft unsere Wirklichkeit. Und so können wir durch die Veränderung unseres Bewusstseins auch unsere Wirklichkeit verändern. Wie das funktioniert, kann man am überzeugendsten am Placebo demonstrieren. Wenn ein Arzt einem Patienten für seine Schmerzen ein Medikament verabreicht, das nur aus Milchzucker besteht, ihm aber mit Überzeugung erklärt, dies sei das neueste Wundermittel gegen seine Krankheit, wird der

Patient in vielen Fällen gesund. Das heißt, dass allein die innere Überzeugung des Patienten, dass das Medikament helfen wird, die Heilung in Gang bringt.

Bewusstsein kann Krankheit und Schmerz erzeugen, aber eben auch auflösen – mit der richtigen Einstellung und der entsprechenden Methode.

Dieses Buch beleuchtet den Stand der Wissenschaft, beschreibt die Methode Regus mentalis und stellt Klienten vor, die aus eigener Kraft den Zugang zu ihren inneren Strukturen und Blockaden, die Schmerzen oder eine Krankheit verursachten, gefunden haben. Dies lässt in der Tat scheinbar Wunder geschehen, die der Schulmedizin immer verschlossen bleiben. Wenn der Patient erst einmal verstanden hat, wie die Dinge zusammenhängen, dann kann er tun, was bisher von der Wissenschaft vernachlässigt wurde und für die Pharmaindustrie ein Albtraum ist: Heilung aus eigener Kraft, gesund mit mentaler Selbstregulation.

Wie stark und wie alt Ihre Schmerzen und Krankheiten auch sein mögen: Solange Sie Regus mentalis nicht ausprobiert und angewendet haben, sollten Sie den Begriff «unheilbar» vermeiden. Heil drückt Ganzheit aus, somit bedeutet Krankheit eine Trennung von unserem wirklichen Selbst. Mit Regus mentalis können wir die Blockierungen und falschen Überzeugungen, die uns von uns selbst trennen und ein falsches Ich geschaffen haben, auflösen und zur Ganzheit zurückkehren.

Im Laufe meines beruflichen Werdeganges und Studiums verschiedener therapeutischer Ansätze und Heilungswege hat sich meine Überzeugung mehr und mehr verfestigt, dass Heilung immer natürlicher und selbstverständlicher wird, wenn man das Wesentliche, das Wesen der Krankheit erkannt hat. Die persönliche Selbstheilung ist für jeden Menschen möglich, genauso wie für ihn die Krankheit auch möglich war. Dabei geht es natürlich wie immer um das Gewusst-wie.

Mit diesem Buch möchte ich Ihnen zeigen, wie Sie Regus mentalis bei Ihren eigenen Konflikten und Krankheiten einsetzen und sich dadurch selbst heilen können.

Die immer noch vorherrschende Idee, dass Krankheit «bekämpft» werden muss, basiert in erster Linie auf Angst, dem Mangel an Wissen sowie dem Widerstand dagegen, die Verantwortung für das zu übernehmen, was ist. Echte Heilung entsteht nicht durch Kampf, sondern durch die konsequente Übernahme der Verantwortung und der Auflösung der wirklichen Krankheitsursachen.

Verantwortung für sich selbst übernehmen

Unser Kind lässt sich nicht bändigen. Unser Partner ist unverbesserlich, dabei haben wir jahrelang versucht, ihn zu ändern. Die Arbeit ödet einen an. Die Kollegen mögen uns nicht und wir sie nicht, weil sie Idioten sind und nichts kapieren. Unsere Eltern haben alles kontrolliert, bis ins kleinste Detail mit Geboten und Verboten geregelt, und überhaupt, wenn sie nicht weiterwussten, haben sie uns angeschrien oder verhauen. Bis heute warten wir auf eine angemessene Selbstkritik der Verantwortlichen und eine umfassende Entschuldigung. Wir wundern uns, dass wir aus heiterem Himmel Wutanfälle oder Panikattacken bekommen und unser Körper mittlerweile eine schlecht funktionierende Maschine geworden ist, die dringend der Reparatur bedarf – so sieht es zumindest die Schulmedizin.

Es hat bei vielen manifestiert, sich als unglückliches Wesen zu sehen, das durch das genetische Erbe, die Erziehungsfehler der Eltern, die Lebenspartner und durch die Arbeitsbedingungen krank gemacht wird. Dabei wissen wir sehr genau, wer dafür verantwortlich ist, wenn wir zum Beispiel mit überflüssigen Pfunden bei uns oder unseren Kindern kämpfen. Doch keiner will die Verantwortung tragen. Die Gesundheitsbehörden sagen, Übergewicht resultiere aus einem Ungleichgewicht im Energiehaushalt – es wird zu kalorienreich gegessen und zu wenig Sport getrieben. Die Lebensmittelkonzerne beklagen, dass sich die Menschen nicht genug bewegen, die Medien behaupten, es liege an der falschen Ernährung, die Atkins-Anhänger verteufeln die Kohlenhydrate, die Ornish-Anhänger verdammen das Fett, die Fruchtsafthersteller machen die Limonaden verantwortlich, die Limonadenhersteller verweisen auf die vielen Kalorien in den Fruchtsäften. Bei der Erziehung sieht die Schule die Verantwortung bei den Eltern, nach Sicht der Eltern ist die Schule in der Pflicht. Wie soll man ein Problem lösen, wenn sich niemand verantwortlich fühlt?

Wer auf diese Weise lebt, lässt einen Verantwortlichen außer Acht: sich selbst!

So verschieden wir auch sein mögen, eines ist uns allen gemeinsam: der Wunsch nach immerwährender Gesundheit, verbinden wir doch mit diesem Begriff Lebensfreude, Leistungsstärke und ein erfülltes Leben. Erst eine Erkrankung macht uns bewusst, wie leicht dieser Zustand aus dem Gleichgewicht geraten kann. Dann legen wir die Verantwortung für unser körperliches und seelisches Wohl in die Hand von «Spezialisten», statt selbst etwas dafür zu tun. Sei es, weil wir nicht mehr allzu viel von alten Hausmitteln oder Heilpflanzen wissen, sei es, weil wir unserer Intuition im Hinblick auf das, was unser Körper signalisiert, nicht mehr vertrauen. Doch der Hauptgrund, warum wir die Verantwortung für unseren Zustand abgeben, liegt darin, dass wir Erkrankungen nicht mit eigenen Fehlern in Verbindung bringen wollen, sondern sie als etwas betrachten, das uns von übermächtigen Kräften – den Eltern, der Gesellschaft, den Genen – auferlegt wurde.

Doch keines der chemischen Elemente, aus denen unser Körper zweifellos besteht, kann erklären, warum wir leben. Die Genetik kann uns nicht begreiflich machen, weshalb wir uns für etwas interessieren oder eben nicht. Aussagen wie «Forscher haben jetzt den Botenstoff GM-CSF als Schlüsselfaktor für die Entstehung von multipler Sklerose entdeckt» gleichen der Aussage: «Wir essen, weil wir hungrig sind.» Die Gewohnheit, eine Feststellung durch eine andere zu erklären, ist insofern gefährlich, als sie den Eindruck erweckt, dass wir der Ursache auf die Spur gekommen sind und deshalb nicht weiter zu suchen brauchen.

Wir lieben derartige Feststellungen und Aussagen, die uns suggerieren, dass etwas anderes als wir selbst dafür verantwortlich sind. Und so werden unsere körperlichen und seelischen

Störungen und Lebensnöte als Produkt genetischer Anlagen diagnostiziert, und wir erwarten von Pillen, Spritzen oder hochtechnisierten Geräten die Heilung jedweder Beschwerden – rasch und ohne große Eigenleistung.

Dass dies nicht immer funktioniert, hat fast jeder schon erlebt. Vielleicht in der Form, dass die so behandelten Beschwerden zwar verschwanden, dafür aber bald ein anderes Leiden auftauchte oder sich die alten Symptome erneut einstellten. Wegschneiden, medikamentöse Unterdrückung oder Übertünchen mit Salben mögen kurzfristige und im Notfall unumgängliche Maßnahmen sein, eine langfristige Beseitigung der Ursachen wird damit in den seltensten Fällen erreicht. Selbst jahrelange Psychotherapie bringt häufig kaum Linderung von seelischen Leiden.

> Andreas, ein sehr sympathischer 40-jähriger Mann, wirkte irgendwie gefangen. Sein Problem war seine Unfähigkeit, Menschen anzusprechen, und er hatte stets das Gefühl, den anderen nicht zu genügen. Er erzählte weiter, dass mehrere Therapieversuche in den letzten Jahren ergeben hätten, dass seine Geburt sehr schwierig gewesen war, er ein Notkaiserschnitt war und seine Schüchternheit und sein Gefühl der Wertlosigkeit mit eben diesen Todeserfahrungen zusammenhingen und er damit leben müsste. Dieses Wissen erklärte vieles, aber es half ihm nicht wirklich.

Fällt Ihnen auf, wie schnell selbst gut geschulte Therapeuten die Verantwortung den Lebensumständen zuschieben? Wie oft haben Sie von Ihrem Arzt zu hören bekommen, dass Sie mit Ihrer Krankheit leben müssen?

Wer nicht die Verantwortung für sich selbst erkennt, wer sich damit begnügt, als bloßes «Rädchen» im System zu funktionieren, und sich auch so rechtfertigt, der trägt zur Entstehung von Krankheit bei. Wer sich also als Opfer seines tyrannischen Chefs, seiner unglücklichen Kindheit oder seiner genetischen Anlagen sieht, macht sich zum hilflosen Objekt. Erst wer die Verantwortung für alles in seinem Leben übernimmt, gewinnt seine Handlungsfähigkeit zurück und hat damit den Schlüssel zur eigenen Veränderung in der Hand.

Ohne Ihnen zu nahe treten zu wollen: Notieren Sie doch einfach einmal völlig frei, wer oder was Ihrer Meinung nach schuld ist an Ihrem Übergewicht, Ihrer Arthrose oder Ihrer Depression. Vielleicht der Heißhunger, die Genetik oder Ihr Partner, der Sie betrogen hat? Bewahren Sie diese Liste auf, sie wird Ihnen sehr nützlich sein, wenn Sie Regus mentalis auf Ihre eigenen Probleme und Krankheiten anwenden wollen.

Ich kann es nicht oft genug wiederholen: Menschen können ihr Verhalten am schnellsten verändern, wenn sie sich zutiefst für ihr Denken, Fühlen und Verhalten verantwortlich fühlen. Hilflosigkeit, also der Glaube, dass wir keine Macht über unsere Lebensbedingungen haben, schwächt uns ebenso wie der Glaube, dass irgendjemand oder irgendetwas unser Verhalten bestimmt. Wenn wir hingegen wissen, dass unser Schicksal in unserer eigenen Hand liegt, dann können wir so ziemlich alles bewirken. Wenn wir uns selbst vertrauen und uns selbst die Freiheit und die Verantwortung geben, zu handeln und uns mit der ganzen Bandbreite der Fragen und Probleme zu konfrontieren, dann ist das der Start in ein erfülltes und selbstbestimmtes Leben.

Verantwortung für sich selbst zu übernehmen ist die beste Strategie, um «alte Wunden» zu heilen und Fehlentwicklungen zu korrigieren; vor allem aber, um auf das Ziel eines eigenverantwortlichen Lebens loszusteuern. Mit selbstbewusstem Handeln wird unser Zutrauen in die eigenen Fähigkeiten geweckt, und es werden persönliche Potenziale erschlossen. Daraus entsteht neuer Lebensmut und die Entschlossenheit, das Leben nach eigenen Vorstellungen zu gestalten.

Ein Teufelskreislauf geht zu Ende

Warum nagt ein falscher Satz eines Kollegen drei Tage lang an dem einem, während andere ihn kaum hören? Weshalb landet der eine am Ende einer großen Liebe im Suff, während der andere bald neuen Sinn im Leben findet? Auf welchen Wegen gehen seelische Strapazen «unter die Haut»? Wie können wir uns verändern, und was hindert uns überhaupt daran? Was tut uns gut? Können wir die alten Bahnen unseres Denkens, Fühlens und Handelns tatsächlich überwinden?

Anstatt auf Hilfe von außen und auf Veränderung unserer Mitmenschen zu hoffen, könnte es nützlicher sein, sich selbst zu verändern und nicht länger den Partner oder Arbeitgeber fortlaufend gegen einen anderen einzutauschen, um am Ende doch nur zerrissen, verzweifelt und krank zu werden.

Jede wirkliche Veränderung in unseren Partnerschaften, im Beruf oder Alltag geht von einer Selbstveränderung aus, und die beginnt mit Selbstbeobachtung und dem Aufspüren von eingeschliffenen Mustern in unserem Denken, Fühlen und Handeln. Denn verändern kann man nur sich selbst.

Es geht also nicht in erster Linie darum, sich neues Wissen anzueignen, neue Verhaltensformen einzustudieren und Fertigkeiten zu erwerben, wie uns Psychotherapeuten, Neurowissenschaftler und Motivationsgurus predigen. Wir haben kein Wissensproblem, sondern ein Umsetzungsproblem. Meistens wissen wir, was wir falsch machen oder wie wir handeln sollten; meistens zwingt uns etwas in uns, gegen unser besseres Wissen zu handeln, oder wir können unser Wissen nicht in richtiges Verhalten umsetzen.

Wenn es uns an Gesundheit und Gelassenheit fehlt, dann verfügen wir nicht über die richtigen Verhaltensstrategien, diese Ziele zu erreichen. Dabei geht es nicht um das «richtige Verhalten», sondern um ein Verhalten, das zu uns selbst passt, und nicht eins, das die Erwartungen unserer Eltern, Partner oder Nachbarn erfüllt.

Die komplexen, noch weitgehend verborgenen Zusammenhänge zwischen Gefühlszuständen, mentalen Prozessen und biochemischen Veränderungen in den Zellen weisen uns den Weg zu einem neuen Verständnis von Krankheit und Heilung. Wir erkennen langsam, dass Kranksein und Gesundsein eine entscheidende emotional-geistige Dimension aufweist, die sich einer Diagnose durch Computer oder medizinische Apparate entzieht. Die Wechselwirkungen von Körper und Psyche, die Tiefen und Höhen unserer emotionalen Befindlichkeit spielen eine Schlüsselrolle bei Erkrankungen und psychischem Stress. Was der Mensch von seinem Leben denkt, erwartet, befürchtet, sich wünscht und erhofft, ist der bestimmende Faktor in seinem Leben.

Zum Beispiel reagieren einige Allergiker sehr empfindlich auf Rosen, selbst beim Anblick von Plastikrosen entwickeln sie allergische Reaktionen – ein Hinweis darauf, dass diese Fehlreaktion des Immunsystems auf einer emotional-geistigen Ebene stattfindet.

Die konventionelle Medizin hat dann eine breite Palette von Medikamenten parat, und einige von ihnen scheinen auch zu helfen, denn manchmal verschwinden die entsprechenden Symptome. So bekommen zum Beispiel unsere Kinder zum Pausenbrot das Betäubungsmittel Methylphenidat, besser bekannt als Ritalin – und das jeden Tag. Und siehe da: Das Mittel verändert die hyperkinetische Reaktion im Kindesalter, besser bekannt unter dem inzwischen gebräuchlichen Namen ADHS. Damit Tobemarie und Zappelphilipp ruhiger werden, erhalten sie Mittel wie Medikinet oder Ritalin. Es wächst eine Generation von Menschen heran, die Psychopillen so selbstverständlich nimmt wie das Glas Milch zum Frühstück. Gelöst sind damit die psychischen Probleme natürlich nicht, höchstens unterdrückt.

Wir brauchen ein tiefgreifenderes Verständnis von Krankheit und Gesundheit, ein Verständnis des «Systems Mensch» – und das sieht sicher ganz anders aus, als die tagesaktuellen Trends in der Gesundheitsdebatte uns einreden wollen.

Da unsere emotionale Betroffenheit wie Verzweiflung, Enttäuschung und vieles mehr im Selbst des Menschen begründet ist, kann sie auch nur auf dem Wege zum Selbst des Menschen behoben werden. Denn der Kern der Verzweiflung liegt nicht darin, über etwas zu verzweifeln, sondern darin, über sich selbst zu verzweifeln.

In der Begegnung mit sich selbst geschieht im Idealfall etwas ganz Entscheidendes: ein heilsamer «Aufbruch» aus den destruktiven emotionalen Mustern! Gesundheit braucht die Kraft positiver Überzeugungen und Erwartungen. Menschen lernen durch Regus mentalis, mit ihrem Leben und ihren Lebensumständen besser klarzukommen und sich Krisen und Konflikten innerlich ruhiger, entspannter und gelassener zu stellen.

Die Seele, mein Freund und Helfer

Die Aufgabe der Psychologie ist es, sich eingehend mit der Psyche, mit der menschlichen Seele, zu beschäftigen. Für mich kann die Psychologie nur das Wirken der Seele beschreiben, aber nichts über das Wesen oder über die Existenz der Seele aussagen. Selbst wenn ich mir all die philosophischen und theologischen Aussagen über die Seele anschaue, weiß ich letztlich immer noch nicht, was die Seele eigentlich ist, denn die verschiedenen Definitionen erfassen für mich dieses Phänomen nicht in seiner Gesamtheit. Aber das, was wir mit dem Begriff Seele benennen, das ist für mich Wirklichkeit. Es gibt die Innerlichkeit des Menschen. Für mich stimmt die Ahnung, dass wir mehr sind als dieser Körper. In der Seele geht es für mich um das Innerlichste, Kostbarste, das ich habe. Wir sprechen von einem Menschen, den wir als gut, mitfühlend und hilfsbereit erleben, dass er «eine Seele von Mensch», dass er eine «treue und gute Seele» ist. Er lebt die Qualitäten seiner Seele.

Die Seele ist der Teil im Menschen, der mit den verschiedenen Personen seiner sozialen Umwelt eine Beziehung aufnimmt. Und daher sind in der Seele auch die Erfahrungen gespeichert, die man seit der Geburt mit seinen Bezugspersonen gemacht hat. Ich habe bereits beschrieben, wie tief diese Erfahrungen uns bestimmen, wie sie uns zu lebensfrohen oder von Ängsten beherrschten Menschen machen können.

Jedes Kind muss sich an seine Umwelt, in der es groß wird, mehr oder weniger anpassen, schon allein um dazuzugehören, die Erwartungen der Eltern zu erfüllen oder nicht gegen die Normen der Gesellschaft zu verstoßen. Das müssen wir alle tun, und es macht natürlich einen Unterschied, ob wir nun in harmonischen Verhältnissen nur mit den üblichen Frustrationen aufwachsen oder in einer Familie, in der die Mutter Alkoholikerin ist, der Vater ein Schläger und in der wirklich das eigene Leben bedroht ist.

Wenn wir als Kinder nie abschätzen konnten, welche Konsequenzen unsere Handlungen haben – mal wurden wir für die gleiche Tat in die Arme genommen, mal bestraft –, dann entwickeln wir Ängste, Depressionen und andere psychische Störungen. Als Erwachsene fühlen wir uns dann der Macht unserer Seele hilflos ausgeliefert. Die Ängste quälen uns, die Depression macht uns handlungsunfähig und unser Leben verliert jede Freude und seinen Sinn.

Doch wir vergessen, dass die Seele unser Freund und Helfer ist. Sie will, dass wir solche traumatischen Erfahrungen nie wieder machen, und entwickelt Überlebensstrategien, die uns in Zukunft vor solchen Verletzungen schützen sollen. Seelische Störungen und die daraus entstehenden Verhaltensweisen, die für den Betroffenen mit viel Leid verbunden sind, haben also eine Funktion. Ein Kind, das von seiner Mutter ständig bestraft wird, entwickelt die Überzeugung: «Wenn ich nichts tue, dann kann mir nichts passieren.»

Und diese tiefe Überzeugung verursacht im Erwachsenen eine Depression, eine Unfähigkeit zu handeln, denn «wenn ich nichts tue, passiert mir nichts.» Die Strategie, die dem Kind geholfen hat, in einer für es gefährlichen Situation zu überleben, wird im Erwachsenenalter fortgeführt, wo sie ihre Funktion verloren und für den betreffenden Menschen destruktive Auswirkungen hat.

Alle psychischen wie auch körperlichen Leiden haben oder hatten einen einsehbaren Grund. Die Seele will uns helfen, mit einer beängstigenden Situation fertigzuwerden, und entwickelt eine Art Selbsthilfestrategie gemäß der Überzeugung, die wir durch unsere Erfahrung entwickelt haben. Dieses scheinbar merkwürdige, belastende und unverständliche Verhalten hat also einen sehr vernünftigen Grund. Viel zu schnell verpassen Ärzte oder Psychotherapeuten den gestörten Klienten das Etikett «psychotisch» oder «verrückt». Doch wer ein Etikett bekommt, wird nicht mehr gesehen und kann dementsprechend auch nicht richtig behandelt werden.

Wenn wir diese psychischen Störungen und körperlichen Krankheiten heilen wollen, müssen wir diese zuerst nützlichen und später destruktiv gewordenen Überzeugungen aufdecken und dann auflösen. Nur auf diese Weise – und das hat sich in meiner jahrelangen Berufserfahrung immer wieder bestätigt – stellt sich eine dauerhafte Heilung ein.

Unsere Seele meldet sich immer mit psychischen Störungen und körperlichen Symptomen, wenn wir ein Leben führen, das unsere Gefühle unterdrückt, von uns Anpassungen fordert, die unser wahres Selbst einschränken und unsere Talente und Vitalität blockieren. Für unser Leben bedeutet das: Soll es wirklich unser Leben sein, dann muss unsere Seele die Führung übernehmen. Dann sorgt sie dafür, dass wir nicht erstarren, also nicht schon zu Lebzeiten tot sind, sondern Neues wagen, Grenzen überschreiten, aufstehen, wenn wir gefallen sind, und nicht aufgeben, selbst wenn alles aussichtslos erscheint.

Wenn wir begreifen, dass unsere Seele unser Freund ist, erkennen wir die psychischen Störungen und körperlichen Krankheiten als ihre Hilferufe: In unserem Leben ist etwas nicht in Ordnung. Und nur wenn wir die Hilferufe richtig deuten und unser Bewusstsein und damit unser Verhalten ändern, können wir gesund und wieder «lebenstüchtig» werden. Dann kehren auch wieder Freude, Schwung, Befriedigung und Neugier auf neue Erfahrungen in unser Leben ein.

Die Wahrnehmung des Schreckens

Die zentralen Fragen, die mich über viele Jahre hinweg beschäftigt haben, lauteten: Was muss ich tun, wenn sich die eigenen Gedanken im Kreis drehen? Was muss ich tun, wenn unangenehme Gefühle Besitz von mir ergreifen? Was muss ich tun, wenn ich chronische Schmerzen habe? Was muss ich tun, damit ich nicht Dinge länger vor mir herschiebe? Was muss ich tun, um wieder an mich und mein Leben zu glauben?

In den Gesichtern neuer Kursteilnehmer sah ich oft das ganze Leid ihrer Lebensumstände. Den einen zwangen chronische Rückenschmerzen dazu, seinen Beruf aufzugeben, der andere denkt zwanghaft darüber nach, wie er den Kontakt mit Keimen verhindern kann. Schulängste, Migräne, Schlafstörungen, fehlgeschlagene Operationen, Gehirntumor, Depressionen und Burn-out-Syndrom führten zur Erstarrung und Verhärtung ihrer Gesichtszüge – auch wenn sie sich alle um Fassung und Heiterkeit bemühten.

Trotz ihres individuellen Leids haben sie eines gemeinsam: Sie verdrängen negative Emotionen. Doch gerade der Akt der Verdrängung verbraucht nicht nur besonders viel Kraft, sondern verhindert auch ein flexibles Verständnis von unabänderlichen Dingen und führt in Folge zu starren, verhärteten Vorstellungen und Erwartungen an ihr Leben, «wie es sein muss».

Gabriele und Walter waren seit 16 Jahren verheiratet und steckten in einer schweren Partnerschaftskrise. Sie stritten viel, vor allem wegen ihrer Kinder Christian und Sabine, 11 und 13 Jahre alt, deren bevorzugter Umgangston aus gegenseitigen vulgären Beschimpfungen oder Nichtbeachtung bestand. Walter rastete dann regelmäßig aus, schrie und schmiss Türen, und Gabriele versuchte die Stimmung durch beschwichtigendes Zureden zu verbessern. Gemeinsame Familienunternehmungen, selbst gemeinsame Mahlzeiten, endeten regelmäßig nach kurzer Zeit in Tränen.

In unserem ersten Gespräch stellte sich bald heraus, dass Gabriele überzeugt war, ein intaktes Familienleben bestünde aus lieben Kindern, die artig bitte und danke sagen, und einem zärtlichem Ehemann und freundlichen Vater, die allesamt stets ungebrochene Harmonie verbreiten und glücklich Hand in Hand durchs Leben tanzen – Gabriele in der Mitte, selig lächelnd. Walter hingegen hatte das Bild vom starken Vater im Kopf, der seine Kinder führen und leiten muss und für Disziplin, Ruhe und Einkommen zu sorgen hat. Diese konträren Vorstellungen mussten früher oder später aufeinanderprallen. Keiner wich auch nur einen Zentimeter von seinen Vorstellungen ab und verteidigte sie mit Zähnen und Klauen, obwohl sich alle Beteiligten inzwischen als Versager fühlten.

Jede Emotion geht mit bestimmten Spannungsmustern im Körper und einer veränderten Atmung einher. Schwierige Emotionen, wie zum Beispiel Angst oder Trauer, fühlen sich körperlich unangenehm, bedrückend oder beengend an. Deshalb neigen wir dazu, unangenehme Gefühle zu verdrängen, nach dem Motto «Das darf nicht sein». Sie wirken jedoch im Unterbewusstsein weiter und finden in unserer Psyche und unserem Körper schließlich andere Kanäle, um sich auszudrücken: in Form von Überzeugungen («So muss es sein und nicht anders») und als Zwänge, irrationale Ängste oder körperliche Erkrankung.

Wenn wir also uns wirklich heilen wollen, müssen wir uns unseren verdrängten Gefühlen stellen und sie neutral und ohne zu beurteilen anschauen. Erst durch die Selbstbeobachtung unserer verdrängten Schattenseiten und schwierigen Emotionen können wir wieder weich und verständnisvoll werden und einen Weg zu echter Freude und tiefem Mitgefühl mit uns selbst finden.

Selbstwahrnehmung zu üben ist grundsätzlich vergleichbar mit dem Dehnen beziehungsweise Stretching eines Muskels. Genau wie ein verspannter und verhärteter Muskel sanft und vorsichtig gedehnt werden muss, um seine Flexibilität wieder herzustellen, so muss auch, bildlich gesprochen, der verhärtete Muskel unserer Seele flexibel gemacht, das heißt unsere verhärteten und starr gewordenen Vorstellungen und Verhaltensweisen aufgeweicht werden. Wenn für die Psyche die soziale Umwelt zunehmend unberechenbarer und unkontrollierbarer wird, versucht sie durch starre Vorstellungen Ordnung und Sicherheit ins Leben zu bringen. Das geschieht ähnlich schnell und automatisch wie bei einer versehentlichen Berührung einer heißen Herdplatte: Ehe man darüber nachdenken kann, zuckt die Hand zurück. In der Psyche geschieht ein entsprechender Vorgang: Bevor wir über unsere emotionalen Niederlagen nachdenken, hat sie ein Reaktionsmuster («Das darf nicht sein») gebildet, das uns vor weiteren Enttäuschungen und Kränkungen schützen soll.

Auch Muskeln verhärten als Schutz vor weiteren Belastungen. Wann immer man einen Muskel zu weit streckt, reagiert ein Nervenreflex, indem er dem Muskel ein Signal zum Zusammenziehen erteilt. Dies soll den Muskel vor weiteren Schäden bewahren.

Wenn wir uns also seelisch zu weit «strecken», um den Erwartungen und Vorstellungen unserer Umwelt wie Eltern, Ehepartner, Lehrer oder Vorgesetzten zu entsprechen, dann geschieht ein Gedankenreflex, der uns eine Überzeugung vermittelt, die uns vor Übergriffen schützen soll, zum Beispiel: «Ich muss mich ständig wehren, sonst werde ich platt gemacht.»

Wie können wir nun unsere «verhärtete Psyche» wieder beweglich machen?

Die Beweglichkeit und Flexibilität unserer Psyche ist entscheidend für ein befriedigendes und erfülltes Leben. Die Erwartungen unserer Umwelt erzeugen starre, inflexible Vorstellungen, wie etwas sein muss, damit wir dem Schrecken ausweichen können. Mit einem «statischen Wahrnehmen des Schreckens», ähnlich dem statischen Dehnen eines zusammengezogenen Muskels, bekommt die Psyche wieder mehr Beweglichkeit und kann sich aus festgefahrenen, einschränkenden Verhaltensmustern befreien.

Und es gibt noch eine große Ähnlichkeit zwischen Muskel und Psyche. Wird der Muskel gedehnt, kommt es zu einer Verlängerung der Muskelstruktur. Zu Beginn des Dehnens empfindet man eine hohe Dehnspannung, welche jedoch nach circa 30 Sekunden nachlässt. Deshalb sollte man bei Übungen die Dehnung der Muskeln mehr als 30 Sekunden halten. Durch die «statische Wahrnehmung des Schreckens» in einer Dauer von mindestens einer bis maximal 30 Minuten und durch regelmäßiges Wiederholen dieser Übung über ein paar Tage hinweg lässt die Stressspannung nach wie die Dehnspannung beim Muskel. Die Erregungsmuster in unserem Körper werden deutlich verringert, denn «es ist ja gar nicht so schlimm wie angenommen».

Erst wenn wir ein schreckliches bzw. schwieriges Gefühl oder eine schwierige Situation mit Hilfe des «Gewahrseins des Schreckens» annehmen, kann sich die verhärtete Psyche aus der stark eingeschränkten Sichtweise befreien und ist wieder fähig, andere und bessere Lösungen für unsere Probleme zu finden.

Wie Sie sich Ihrem eigenen persönlichen Schrecken stellen können und damit Ihre Seele von Verkrampfungen und Leiden erlösen, das erkläre ich Ihnen ganz genau in Teil 2 diese Buches.

Reentry – Die revolutionäre Methode

In den vorangegangenen Kapiteln habe ich versucht, Ihnen eine neue Sichtweise auf Krankheit zu vermitteln. Meine grundlegende These dabei ist, dass jeder sich seine eigene Wirklichkeit schafft. Wir machen Erfahrungen mit der Welt und besonders mit unseren Bezugspersonen wie Mutter und Vater; die Erfahrungen werden in Überzeugungen und Glaubensmustern komprimiert, die festlegen, wie die Welt da draußen aussieht. Diese Weltsicht ist völlig subjektiv, und jeder Mensch hat seine eigene. Quantenphysiker haben herausgefunden, dass es so etwas wie «objektive» Realität nicht gibt; aus der unendlichen «Quantensuppe», dem nicht lokalisierbaren Feld von Energie und Information, sucht sich jeder die Dinge heraus, die zu seinen Überzeugungen passen.

Es geht mir nicht so sehr um eine philosophische Betrachtung der Wirklichkeit, sondern darum, wie sich eine persönliche Weltsicht formt und wie sich daraus Konflikte und Krankheiten entwickeln können. Wenn sich in einem Menschen, weil die Mutter ihn im Stich ließ, die Überzeugung festgesetzt hat, sich auf einen anderen Menschen einlassen bedeutet, verletzt zu werden, dann kann er kaum eine lebendige Beziehung eingehen. Nur wenn er sich nicht einlässt – so seine Überzeugung –, kann er auch nicht verletzt werden. Und noch einmal verletzt werden will er auf keinen Fall. Mit einem solchen inneren Glaubenssatz verhindert er erfolgreich jede feste Partnerschaft. Liegt es daran, dass es für ihn keine passende Partnerin gibt? Natürlich nicht. Seine Überzeugung und sein sich daraus ergebendes Verhalten schlagen jede mögliche Partnerin in die Flucht. Aber so fühlt er sich vor seelischer Verletzung sicher.

Die Gewissheit der Klientin, «in einem UFO von außerirdischen Wesen Schmerzen zugefügt zu bekommen», ist eine subjektive Beobachtung der eigenen Realität – und damit eine selbstgeschaffene Problemlösestrategie, die es der Psyche wieder erlaubt, sich zu stabilisieren. Ähnliches gilt auch für die große Gruppe der Angststörungen. Bei ihnen wird die Angst gewissermaßen auf Objekte wie Fahrstuhl, Flugzeug, Menschenmengen etc. projiziert, damit sie besser bewältigt werden kann.

Chronischen Krankheiten, Krisen und Konflikten liegt immer ein innerer Selbstbefehl beziehungsweise Selbstalarm zugrunde, dass dies nicht passieren darf, wie beispielsweise «Ich darf nicht versagen» oder «Ich muss respektiert werden», verbunden mit unbewussten Gedanken, dass etwas Schlimmes geschehen wird, wenn wir doch versagen oder nicht respektiert werden. Es ist der Eintritt (Entry) in eine eskalierende Spirale von Selbstzweifel, Selbstbeschuldigung, Schuldzuweisungen, Missverständnissen und fehlgeschlagenen Lösungsversuchen.

Ich heiße Marlies. Ich war 12 Jahre alt, als meine Mutter an Krebs erkrankte. Die Jahre prägten mich und waren gezeichnet von Angst, Trauer und Wut auf die Natur. Ich habe sie bekocht, gewaschen, getröstet. Und immer ein schlechtes

> Gewissen: Tue ich genug, kann ich sie allein lassen? Sie starb zwei Wochen nach meiner Hochzeit, da war ich 22. Dann kam ein unschöner Vorfall, der bis heute mein Leben zeichnet, da war ich 41 – mein Mann hat mich mit einer anderen betrogen. Ein riesiger Vertrauensbruch, der mich bis heute merken lässt: Jemandem vertrauen? Das geht nicht! Große negative Erlebnisse begleiten mich nun schon seit vielen Jahren. Ich habe sie nie verarbeiten können. Wahrscheinlich auch, weil ich alles vergessen wollte und immer den Alltag, die Familie und die Arbeit vorschob. Wenn mich jemand brauchte, war ich stets da und habe mich dadurch selbst vernachlässigt. Alles muss perfekt gemacht werden.

Der emotionale Selbstbefehl von Marlies («Ich muss alles perfekt machen und darf niemandem vertrauen, sonst habe ich ein schlechtes Gewissen und gehe ich unter») setzt sie seit ihrem zwölften Lebensjahr unter Druck. Wenn sie nicht alles perfekt macht, dann leidet ihre Mutter und alles geht den Bach runter. Das Fremdgehen ihres Mannes hat diese Annahme nur noch bestätigt.

Schon die kleinste Ähnlichkeit einer aktuellen oder gedachten Situation mit der Situation, in der der Selbstalarm entstanden ist, aktiviert das limbische System. Diese «Selbstkonditionierung» führt dazu, dass bei jeder Begegnung mit einer ähnlichen Sachlage das gesamte Abwehrprogramm mit Angst und biochemischer Adrenalin- und Kortisol-Ausschüttung ausgelöst wird. Das limbische System will eigentlich nur vor einer möglichen «Gefahr» warnen, obwohl in den meisten Fällen objektiv keine Gefahr besteht. Dieses Warnen geht einher mit einem körperlichen, emotionalen, psychischen und mentalen «Gefahrenzustand». Die automatischen Reaktionen sind unbewusst und lassen sich nicht einfach «beiseite schieben» oder «entwarnen».

Und das Fatale ist: Der neuronale Erkenntnisprozess ist so tiefgreifend, dass er sich nicht wieder rückgängig machen lässt. Jede weitere Emotion aktiviert erneut die Erkenntnis, dass die Welt genau so ist, wie sie ist und wie wir es schon immer gefühlt und gewusst haben.

Einmal gelernte Erkenntnisse lassen sich nicht wieder entfernen, aber – und das ist ein bedeutendes Aber – die Nerven, die den Selbstalarm erlernt haben, lassen sich wiederum mit einer neuen Erkenntnis umprogrammieren.

Und wie geht das? Ich habe die Methode «Die Wahrnehmung des Schreckens» und «Reentry» genannt. Reentry heißt «Wiedereintritt». Anstatt einen Konflikt und die damit einhergehenden unangenehmen Reaktionen zu verdrängen, gehen wir in die den Schrecken auslösende Vorstellung wieder hinein und schauen dem Schrecken ins Auge. Durch eine konstatierende, neutrale innere Haltung werden der Schrecken und die damit verbundenen, falschen Reaktionen aufgelöst. Durch Übung lässt sich auf diese Weise eine Gelassenheit herstellen, die in ein Flow-Erleben münden kann.

Das Auflösen des Selbstbefehls, der dem Konflikt oder der Krankheit immer zugrunde liegt, geschieht durch die Umformulierung des die Handlungen bestimmenden Satzes, das heißt, die Möglichkeit, dass etwas Schlimmes passieren könnte, wird akzeptiert: «Es kann sein, dass ich versage.» Oder «Es kann sein, dass ich nicht respektiert werde.»

Im Fall von Marlies' Selbstbefehl «Ich muss alles perfekt machen und darf niemandem vertrauen, sonst habe ich ein schlechtes Gewissen und gehe ich unter» lautet der Reentry-Satz: «Es kann auch sein, dass ich ein schlechtes Gewissen habe und untergehe, selbst wenn ich immer alles perfekt mache und niemandem vertraue.»

Auf diese Weise wird der befürchteten Situation der Schrecken genommen: «Es kann sein, was nicht sein durfte.» Die kreisenden Gedanken hören auf, unser neuronaler Arbeitsspeicher wird wieder frei, sodass wir wieder über unsere volle mentale Kapazität verfügen können, unser Körper entspannt sich, die Emotionen beruhigen sich, und wir gewinnen endlich unsere Souveränität, Gelassenheit und Handlungsfähigkeit zurück.

Das hört sich allzu einfach an. So leicht kann man doch nicht Konflikte und chronische Krankheiten auflösen! Ich kann verstehen, dass Sie so reagieren. Und ich gebe zu, es gibt auch einen Trick dabei: Man sollte in einem gewissen Zustand der Achtsamkeit den Reentry-Satz betrachten, damit die Wirkung sich voll entfalten kann. Aber wie man diesen Zustand erreicht – und das ist gar nicht so schwer –, beschreibe ich in Teil 2, in dem es darum geht, die Methode Regus mentalis in die Praxis umzusetzen. Ich kann Ihnen versichern: In meiner jahrelangen Arbeit mit dieser Methode habe ich immer wieder Dinge erlebt, die an Wunder grenzen. Probleme lösten sich auf, chronische Schmerzen verschwanden, Ängste waren wie weggeblasen.

Daher sollten Sie Ihre Zweifel beiseiteschieben und einen Versuch wagen.

Vielleicht gleich jetzt. Haben Sie einen Glaubenssatz parat, der Ihr Handeln bestimmt?

Zum Beispiel: «Ich muss mich immer durchsetzen, sonst habe ich verloren.» Oder vielleicht eher: «Ich muss still sein und mich anpassen, sonst werde ich immer wieder kritisiert.»

Wie lautet Ihre Überzeugung? Wenn Sie Ihren Satz gefunden haben, formulieren Sie ihn nach dem folgenden Muster in den Reentry-Satz um (ich benutze die beiden oben aufgeführten Beispielsätze):

«Es kann auch sein, dass ich verliere, auch wenn ich mich immer durchsetze.»

Und «Es kann auch sein, dass ich immer wieder kritisiert werde, auch wenn ich still und angepasst bin.»

Also: «Es kann auch sein, dass ich ...» Und nun folgt Ihr Satz:

Versuchen Sie, Ihren Reentry-Satz neutral und achtsam zu betrachten. Lassen Sie Ihre Gedanken nicht sofort abschweifen, halten Sie Ihre Aufmerksamkeit fest auf diesen Reentry-Satz gerichtet. Was fühlen Sie? Gibt es eine Reaktion in Ihrem Körper? Haben Sie tief ausgeatmet?

Auch wenn Sie jetzt nichts unmittelbar gespürt haben, legen Sie das Buch nicht weg. In Teil 2 gibt es eine genauere Anleitung, wie Sie Regus mentalis für Ihre eigenen Probleme anwenden können. Und ein wenig Übung ist – wie bei allem – auch nötig. Im weiteren Verlauf dieses Buches bekommen Sie immer wieder die Gelegenheit, Ihren unbewussten Glaubenssätzen und Selbstbefehlen («Ich muss perfekt sein», «Ich muss immer gewinnen», «Ich muss mich anpassen») auf die Spur zu kommen und mit dem Reentry zu erlösen.

Brechen Sie hier und jetzt mit der allgemein akzeptierten Vorstellung, dass wir immer einen langen Leidensweg zurücklegen müssen, wenn wir unsere Psyche ändern wollen. Selbst die besten Therapeuten glauben noch heute, dass eine kurze Intervention nichts wert ist und die Störungen nicht löst. Meine Erfahrung, die ich in jahrelanger Praxis gewonnen habe, ist völlig anders. Eine langwierige Psychotherapie ist nicht immer notwendig.

Der Schlüssel zur Heilung liegt in dem Aufdecken unserer meist unbewussten Überzeugungen, die unsere seelischen Störungen oder körperlichen Krankheiten ausgelöst haben. Wenn wir sie gefunden haben, sie in einen Reentry-Satz umformulieren: «Es kann sein, was nicht sein darf» und unseren «Schreckenssatz» mit Achtsamkeit betrachten, dann kann Heilung schnell eintreten. Machen Sie einen Versuch. Sie können nur gewinnen.

TEIL II
PRAKTISCHE ANWENDUNG VON REGUS MENTALIS:

Wie Sie den Selbstheilungsprozess von Konflikten, Krisen und Krankheiten anstoßen können

Die neun Prinzipien der Heilung

Lassen Sie mich noch einmal die Thesen des ersten Teils zum besseren Verständnis zusammenfassen – denn wenn man einmal begriffen hat, wie die Dinge zusammenhängen, kann man erreichen, was andere für unmöglich halten.

Das erste Prinzip: Mit unserem Bewusstsein schaffen wir unsere Wirklichkeit. Wie wir denken und fühlen, so leben wir!

Das zweite Prinzip: Deswegen sind wir auch für unsere Leiden und Krankheiten verantwortlich. Hier müssen wir eine wichtige Unterscheidung machen: verantwortlich für unsere Krankheiten heißt nicht *schuld* an unseren Krankheiten. Schuld ist ein moralisches Etikett. Hier geht es nicht um Moral, sondern um nüchterne Praxis. Wenn die anderen, die Gene oder die Umstände schuld sind, dann bin ich ein Opfer und allem ausgeliefert. Wenn ich aber meine Wirklichkeit erschaffe und dafür Verantwortung übernehme, habe ich es auch in der Hand, diese Wirklichkeit zu verändern. Wenn ich also die Verantwortung für mich übernehme, gewinne ich meine Kraft und meine Handlungsfreiheit zurück. Ich bin nicht länger das Opfer, sondern der Lenker meines Schicksals.

Das dritte Prinzip: Krankheiten und Leiden sind das Resultat von verdrängten Gefühlen und den damit verbundenen Glaubensmustern oder Selbstbefehlen («Ich muss perfekt sein, sonst bricht alles zusammen»), die durch seelische Verletzungen entstanden sind.

Das vierte Prinzip: Die Seele ist unser Freund und Helfer. Sie will, dass wir diese traumatischen Erfahrungen nie wieder machen, und entwickelt Überlebensstrategien, die uns in Zukunft vor solchen Verletzungen schützen sollen. Das Problem ist, dass wir später immer noch so reagieren, auch wenn sich die Situation völlig geändert hat und deswegen unser Verhalten nicht mehr angemessen ist.

Das fünfte Prinzip: Der Schlüssel zu unserer Heilung liegt im Aufdecken unserer meist unbewussten Überzeugungen, die unsere seelischen Störungen oder körperlichen Krankheiten ausgelöst haben.

Das sechste Prinzip: Heilung ist ein Erkenntnisprozess.

Das siebte Prinzip: Heilung geschieht dann, wenn wir uns unseren unterdrückten Gefühlen stellen und dem «Schrecken», den wir vermeiden wollen, ins Auge sehen.

Das achte Prinzip: Indem wir im Reentry die Möglichkeit formulieren, dass das Befürchtete, dem wir durch unser starres Verhaltensmuster entgehen wollen, doch eintreten kann, schauen wir dem Schrecken ins Auge.

Das neunte Prinzip: Um den Schrecken betrachten zu können, müssen wir ein neutrales Gewahrsein entwickeln, damit die Erkenntnis uns wirklich erreicht und dadurch eine Veränderung und Heilung bewirkt.

So weit die Theorie. Jetzt wollen wir sehen, wie wir die neun Prinzipien in die Praxis umsetzen und uns von unseren Problemen, Krisen und Krankheiten befreien können.

Wie finde ich die Überzeugungen, die mich behindern?

Im dritten Prinzip der Heilung heißt es, dass Krankheiten und Leiden das Resultat von verdrängten Gefühlen und den damit verbundenen Glaubensmustern oder Selbstbefehlen sind, die durch seelische Verletzungen entstanden sind. Wie kann ich nun diesen destruktiven Glaubensmustern auf die Spur kommen?

Manchmal ist das ganz einfach. Es gibt Sätze, die unsere Eltern so oft wiederholt haben, dass wir sie bis heute nicht vergessen können: «Wenn du dich nicht anstrengst, wird nie etwas aus dir.» Oder «Du machst immer alles falsch.» Oder «Wenn du nicht brav bist, dann ist Mami böse mit dir.» Oder «So wie du aussiehst, kriegst du nie einen Mann.» Also strengen wir uns bis zum Umfallen an, und trotzdem bleibt uns der Erfolg versagt. Oder wir versuchen, keine Fehler zu machen, und trotzdem läuft alles schief. Oder wir unterdrücken unsere Wut, um unseren Partner nicht zu verlieren, und können uns nicht erklären, warum wir bei einer Nichtigkeit explodieren. Oder wir kaufen teure Kleider und Make-up – und finden trotzdem keinen Partner.

Manche Sätze richten in unserer Psyche einen großen Schaden an. Sie sperren uns ein, bringen uns immer wieder in die gleichen ausweglosen Situationen und lassen uns zwangsläufig scheitern.

Welche Sätze Ihrer Eltern haben sich tief in Ihr Gedächtnis und damit in Ihre Psyche eingeprägt? Schreiben Sie sie auf, damit Sie sie für den Reentry-Satz parat haben. Vielleicht fallen Ihnen ja auch typische Situationen ein, in denen Sie diese Sätze gehört haben. Skizzieren Sie auch diese.

Wie haben Sie sich dabei gefühlt? Wütend, verzweifelt, hilflos? Schreiben Sie auch das auf, denn es wird Ihnen helfen, den Reentry-Satz wirklich zu spüren, die Gefühlsladung endlich loszuwerden und eine neue Freiheit zu gewinnen.

Doch nicht immer kennen wir die Glaubenssätze, die unsere Handlungen bestimmen. Manche sind in unserem Unterbewusstsein verankert und lenken uns, ohne dass wir uns dessen bewusst sind. Deswegen müssen wir Detektivarbeit leisten, um die Übeltäter ans Licht zu holen – und dazu gehört ein wenig Selbstbeobachtung.

Fragen Sie sich mehrmals am Tag, warum Sie so und nicht anders handeln. Warum haben Sie die Einladung zur Party abgelehnt? Dachten Sie: «Ich kenne da kaum jemanden und stehe dann allein dort herum.» Liegt dahinter vielleicht die Überzeugung: «Ich bin langweilig und niemand will mich näher kennenlernen»?

Warum haben Sie sich nicht für den Volkshochschulkurs «Englisch für Anfänger» angemeldet, obwohl Sie schon immer Englisch lernen wollten? Könnte das folgender Glaubenssatz bewirkt haben: «Ich bin dafür nicht intelligent genug, die andern würden mich alle überflügeln»? Sagte Ihr Vater vielleicht immer: «Intelligenz ist nicht deine Stärke, du bist mehr fürs Praktische»? Solch ein tröstend gemeinter Satz kann verheerende Folgen für unser Selbstbewusstsein haben.

Warum haben Sie sich nicht bei dem Handwerker beschwert, der in seiner Rechnung eine viel zu lange Arbeitszeit berechnet hat und einen viel zu hohen Betrag fordert? Steckt dahinter die Überzeugung: «Ich darf mich nicht wehren, sonst werde ich fertiggemacht»?

Wenn Sie das eine Zeitlang konsequent tun, werden Sie die Sätze, mit denen Sie sich selbst sabotieren, ausfindig machen. Schauen Sie genau hin. Lassen Sie sich nicht ablenken, obwohl eine solche Erkenntnis manchmal schmerzhaft ist. Wir alle neigen dazu, unsere Konditionierungen und Beschränkungen schönzureden, und finden einleuchtend klingende Erklärungen, warum wir so und nicht anders gehandelt haben. Schreiben Sie die gefundenen Glaubenssätze auf, damit Sie sie nicht vergessen! Unser Unbewusstes ist sehr gerissen und kennt eine Menge Tricks, um uns hinters Licht zu führen. Vergessen ist einer davon. Nehmen Sie sich ein kleines Notizbuch und sammeln Sie darin all die negativen Glaubenssätze, die Sie entdeckt haben und die Sie mit dem Reentry ihrer unheilvollen Macht berauben werden.

In Teil 3 stelle ich Ihnen die vier Grundcharaktertypen detailliert vor. Ich möchte Ihnen vorschlagen, dass Sie, bevor Sie Regus mentalis selber ausprobieren, dieses Kapitel genau lesen, um herauszufinden, zu welchem der vier Typen Sie gehören – denn jeder von ihnen hat seine eigenen Glaubenssätze, und wenn Sie wissen, welcher Typ Sie sind, werden Sie wahrscheinlich auch herausfinden, welche Glaubensmuster Sie bestimmen.

Es gibt noch einen Weg zur Aufdeckung verborgener Überzeugungen. In Teil 4 stelle ich Ihnen die wichtigsten Krankheiten und die dafür meist ausschlaggebenden Glaubenssätze vor. Auch dieses Kapitel sollten Sie eventuell vor der eigenen Anwendung von Regus mentalis lesen.

Es gibt sehr viele verschiedene Glaubensmuster; lesen Sie nicht nur den Text über die Krankheit, an der Sie womöglich leiden. Das liefert Ihnen wahrscheinlich einen Hinweis darauf, was die Wurzel Ihrer Krankheit sein könnte. Aber wenn Sie die Darstellung aller Krankheiten aufmerksam lesen, werden Sie besser verstehen, wie die Psyche ihre Botschaften in den körperlichen Symptomen, also den Krankheiten und Leiden ausdrückt. Dadurch werden Sie aufmerksamer und sensibler sich selbst gegenüber, werden dann nicht mehr so schnell über die eigenen Bedürfnisse hinweggehen und mehr im Einklang mit sich selber leben. Das fördert Ihre Gesundheit, und Sie können den Herausforderungen des Alltags entspannter begegnen.

Den Konflikt einkreisen

Vielleicht befinden Sie sich gerade in einer Konfliktsituation, die Ihnen unlösbar zu sein scheint. Ihr Chef lädt Ihnen immer mehr Arbeit auf, die Sie nicht bewältigen können, aber Sie trauen sich nicht dagegen zu protestieren, weil Sie fürchten, Ihren Job zu verlieren. Sie und Ihr Lebenspartner haben sich eigentlich nichts mehr zu sagen, aber wenn Sie sich scheiden lassen, bleiben Sie womöglich anschließend allein.

Es ist hilfreich, Ihren Konflikt genau zu fassen, um ihn lösen zu können – Sie müssen wissen, wo Sie ansetzen sollen. Ich habe dazu die Konflikte in vier Arten aufgeteilt: den *Realitätskonflikt*, den *Konflikt mit dem Konflikt*, den *Undurchführbarkeitskonflikt* und den *Entscheidungskonflikt*. Ich werde Ihnen die vier Arten an einem Beispiel erläutern.

Stellen Sie sich vor, Sie haben sich verliebt, doch nach einiger Zeit müssen Sie erkennen, dass Ihr Partner ein erhebliches Alkoholproblem hat. In dem Moment, in dem Sie erkennen, dass ihm oder ihr der Alkohol wichtiger ist als Sie, geben Sie Ihre Vorstellung eines gemeinsamen Lebens auf – und trennen sich. Sie hatten Erwartungen, wie Ihre Zukunft aussehen würde, doch als Sie erkennen, dass das eine Illusion ist, verabschieden Sie sich selbstverständlich von ihnen.

Im Falle eines Konflikts ist Ihnen diese Selbstverständlichkeit jedoch nicht möglich, Sie sind in dem Widerspruch gefangen: «Ich muss meinen Partner verlassen, aber ich kann es nicht.»

Wenn Sie sich in einem *Realitätskonflikt* befinden, leugnen Sie die Alkoholabhängigkeit, denn wenn Ihr Partner nicht alkoholkrank ist, müssen Sie sich auch nicht trennen. Sie vermeiden den Konflikt, indem Sie die Realität leugnen – was natürlich auf Dauer nicht gelingt.

Wenn Sie sich im *Konflikt mit dem Konflikt* befinden – um wieder das Beispiel des alkoholabhängigen Partners zu benutzen –, dann haben Sie Angst, schikaniert zu werden, wenn Sie das Wort «Trennung» in den Mund nehmen, und nach der Trennung für immer allein bleiben zu müssen. Und Sie sind wütend über sich selbst, dass Sie aufgrund Ihrer Angst keinen Schlussstrich ziehen können.

Befinden Sie sich in einem *Undurchführbarkeitskonflikt*, dann ist für Sie eine Trennung unmöglich, denn dann hätten Sie verloren – und Sie sind jemand, der immer gewinnen muss.

Schließlich der *Entscheidungskonflikt*. Hier werden Sie zwischen zwei widersprechenden Forderungen hin- und hergerissen: «Ich kann doch nicht meinen Partner lieben und ihn gleichzeitig mit einer Trennung bestrafen.»

Schauen Sie sich Ihre Konfliktsituation an. Zu welcher der vier Kategorien gehört Ihr Konflikt? Es kann gut sein, dass er sich nicht säuberlich einordnen lässt, doch wahrscheinlich können

Sie erkennen, welche sich ausschließenden Selbstbefehle – «Ich muss mich trennen. Ich darf mich nicht trennen» – den Konflikt verursacht haben.

Möglicherweise ist Ihnen gar nicht klar, was Sie wirklich quält; es ist eher so ein unbestimmtes Gefühl von Unzufriedenheit, Frustration oder Festgefahrensein. Dann sollten Sie die folgende Übung machen: «Die Essenz eines schönen Urlaubstages». Versuchen Sie, in sich selbst hineinzuspüren, hineinzulauschen, hineinzuschauen und sich zu fragen, was für Sie das Zentrum, die Essenz eines schönen Urlaubstages ist. Es geht bei dieser Übung nicht um eine Definition, was schön ist, sondern darum, welches Bild, welcher Klang, welches Gefühl, welche Vorstellung für Sie im Zentrum des Angenehmen steht. Lesen Sie den folgenden Text durch und nehmen Sie sich für jeden einzelnen Schritt genügend Zeit.

Erinnern Sie sich an einen besonders schönen Urlaubstag, den Sie erlebt haben.
Beginnen Sie, diesen Urlaubstag mit allen Sinnen zu erforschen.

Schließen Sie die Augen und richten Sie Ihren Fokus auf das, was Sie in Ihrer Vorstellung von Ihrem schönsten Urlaubstag sehen. An welchem Ort waren Sie? Versuchen Sie, eine Minute lang still dort zu verweilen, ohne zu bewerten. Wenn Ihre Gedanken abzuschweifen beginnen, kehren Sie mit Ihrer Aufmerksamkeit wieder zu Ihrem Urlaubsort zurück.

Richten Sie nun Ihren Fokus auf das, was Sie an Ihrem schönsten Urlaubstag hören. Versuchen Sie, eine Minute lang still allen Geräuschquellen gleichzeitig zu lauschen, werden Sie sich aller Geräusche gewahr, ohne sie zu bewerten. Es ist, als ob Sie während einer Sinfonie sich den Klängen jedes einzelnen Instruments bewusst werden und intensiv zuhören. Wenn Ihre Gedanken abschweifen, holen Sie sie zurück und konzentrieren sich wieder auf die Töne.

Richten Sie nun Ihren Fokus auf das, was Sie in Ihrem Körper spüren, wenn Sie an Ihren schönsten Urlaubstag denken. Versuchen Sie, eine Minute lang still allen Empfindungen in Ihrem Körper nachzuspüren, werden Sie aller Empfindungen gewahr, ohne sie zu bewerten. Wenn Ihre Gedanken abschweifen, holen Sie sie wieder zu Ihren Körperempfindungen zurück.

Nachdem Sie nun Ihren schönsten Urlaubstag mit allen Ihren Sinnen wahrgenommen und ihn in Verbindung mit Ihren Gefühlen und Gedanken gebracht haben, fragen Sie sich, was das **Zentrum des Angenehmen** *Ihres schönsten Urlaubstages für Sie ist.*

Halten Sie einen Moment inne, bevor Sie weiterlesen.

Nehmen Sie sich noch einen Moment Zeit, bevor Sie die Übung beenden, und verweilen Sie im Zentrum des Angenehmen und beobachten Sie einfach nur – ohne etwas zu verändern, zu bewerten und einzugreifen.

Bei dieser Übung holen Sie eine intensive emotionale Erinnerung aus Ihrem Langzeitgedächtnis in das gegenwärtige Bewusstsein. Gefühle wie Geborgenheit, Freiheit, Freude, Glück oder Liebe zum Leben sollten Sie in jeder Zelle Ihres Körpers spüren.

Diese Übung ist in mehrfacher Hinsicht sehr hilfreich. Jedes Mal, wenn Sie gestresst oder genervt sind, können Sie sich für ein paar Minuten zurückziehen, sich wieder in Ihren schönsten Urlaubstag versetzen und sich von den positiven Gefühlen durchfluten lassen.

Anschließend werden Sie sich mit frischer Kraft Ihren Aufgaben zuwenden.

Diese Übung kann Ihnen auch zeigen, wo Ihre wunden Punkte liegen. Haben Sie bei der Übung ein tiefes Gefühl von Geborgenheit gespürt, dann konnten Sie gleichzeitig den Gegenpol entdecken, nämlich das, was Ihnen fehlt. In diesem Fall würde das bedeuten, dass Sie in Ihrer Kindheit nicht genügend Geborgenheit erfahren haben und als Erwachsener immer noch auf der Suche danach sind. Aber vielleicht spürten Sie in Ihrer Erinnerung an Ihren schönsten Urlaubstag ein großes Gefühl von Freiheit. Könnte es sein, dass Sie sich als Kind eingeengt und reglementiert fühlten? Spüren Sie dem einmal nach. So enthüllen Sie Ihre unbewussten Konflikte und Glaubenssätze und können anschließend damit arbeiten.

Die Aufmerksamkeitsübung

Ich habe schon davon gesprochen, dass man den Reentry-Heilungssatz mit einer gewissen inneren Achtsamkeit betrachten muss, wenn er seine heilende Wirkung entfalten soll. Und bevor man mit seinem eigenen Satz arbeitet, sollte man ein wenig mit anderen Sätzen üben. Aber wie kommt man in diesen inneren Aufmerksamkeitszustand?

Wenn Sie die Übung «Die Essenz meines schönsten Urlaubstages» gemacht haben, konnten Sie schon einen Vorgeschmack bekommen. Hier ging es darum, zu sehen, zu hören und zu fühlen; sie haben in Ihrer Vorstellung alle Sinne aktiviert.

Die Aufmerksamkeitsübung ist ähnlich. Es geht darum, einen Satz mit allen Sinnen zu erfahren. Wie das gehen soll, beschreibe ich Ihnen jetzt anhand eines Beispiels. Am besten machen Sie gleich mit. Sorgen Sie dafür, dass Sie ungefähr eine Viertelstunde ungestört bleiben, stellen Sie das Telefon und die Musik ab und setzen Sie sich bequem hin. Versuchen Sie sich zu sammeln, lesen Sie den folgenden Text und tun Sie, was darin vorgeschlagen wird:

Stellen Sie sich vor, dass Sie den folgenden Satz zum ersten Mal lesen: «Rauchen kann tödlich sein.»

Halten Sie einen Moment inne, bevor Sie weiterlesen.

Beginnen Sie jetzt, diesen Satz mit allen Sinnen zu erforschen, als ob Sie noch nie etwas Ähnliches gesehen, gelesen, gehört, gefühlt und auch gerochen oder geschmeckt hätten.

Konzentrieren Sie sich zunächst darauf, den Satz zu sehen. Betrachten Sie ihn genau, erforschen Sie jeden Teil von ihm, als sei er für Sie völlig neu. Vielleicht verbinden Sie mit diesem Satz eine Farbe.

Welche Farbe ist es? Ist die Farbe einheitlich oder gibt es Schattierungen? Glänzt sie oder ist sie matt? Was passiert, wenn Sie den Satz ins Licht halten? Können Sie hindurchschauen? Sehen Sie etwas im Inneren des Satzes? Mit welchen Worten würden Sie das Innere beschreiben?

Halten Sie einen Moment inne, bevor Sie weiterlesen.

Als Nächstes erforschen Sie die Konsistenz: Ist der Satz weich, hart oder grobkörnig? Wenn Sie mit den Fingern über den Satz streichen, wie fühlt er sich an? Rau, glatt, stumpf, klebrig?

Halten Sie einen Moment inne, bevor Sie weiterlesen.

Wenn Gedanken wie «Warum mache ich diese komische Übung?», «Wie soll mir dies jemals helfen?» oder «Ich hasse diesen Satz» auftauchen, während Sie dies tun, dann nehmen Sie diese Gedanken einfach zur Kenntnis und kehren dann mit Ihrer Aufmerksamkeit wieder zu dem Satz zurück.

Kommen wir zum Riechen. Können Sie diesen Satz riechen? Ist er scharf, sauer oder vielleicht bitter? Ändert sich die Intensität des Satzes, wenn Sie zum Beispiel einen bitteren Geruch mit ihm verbinden?

Halten Sie einen Moment inne, bevor Sie weiterlesen.

Widmen wir uns dem Hören. Welche Geräusche verbinden Sie mit diesem Satz? Wenn Sie etwas hören, ist es ein scharfer oder dumpfer Ton? Ist er für Sie laut oder leise? Eher harmonisch oder dissonant?

Halten Sie einen Moment inne, bevor Sie weiterlesen.

Jetzt kommen wir zum Geschmackssinn: Stellen Sie sich vor, wie Sie langsam den Satz auf Ihre Zunge legen und Ihre Sinnesempfindungen dazu erforschen. Womit verbinden Sie den Satz, wenn Sie ihn auf der Zunge zergehen lassen? Bleibt der Satz fest, wird er weich oder scheint er gar zu schmelzen? Ist er eklig oder giftig?

Halten Sie einen Moment inne, bevor Sie weiterlesen.

Verbinden Sie mit diesem Satz ein Gefühl? Ist es Trauer, Frustration oder Angst?

Halten Sie wieder einen Moment inne.

Nachdem Sie nun diesen Satz mit allen Ihren Sinnen wahrgenommen und ihn in Verbindung mit Ihren Gefühlen und

*Gedanken gebracht haben, fragen Sie sich, was das **Zentrum des Unangenehmen** in diesem Satz für Sie ist.*

Halten Sie einen Moment inne, bevor Sie weiterlesen.

Nehmen Sie sich noch einen Moment Zeit, bevor Sie die Übung beenden, verweilen Sie im Zentrum des Unangenehmen und beobachten Sie einfach nur – ohne etwas zu verändern oder zu bewerten und einzugreifen.

Was haben Sie im Zentrum des Unangenehmen dieses Satzes «Rauchen kann tödlich sein» bemerkt? Hat Sie etwas überrascht? Sind Gedanken oder Erinnerungen aufgetaucht, als Sie diese Übung gemacht haben? Nehmen Sie sich zum Aufschreiben Ihrer Gedanken und Gefühle einen Moment Zeit.

Wenn Sie wollen, wiederholen Sie die Übung mit dem Satz «Liebe macht gesund». Wenn Sie diesen Satz gesehen, gespürt, gehört, geschmeckt und gefühlt haben, gehen Sie in das Zentrum des Angenehmen. Was finden Sie hier? Wie fühlt sich das an?

Ich möchte Ihnen raten, diese Übung mit verschiedenen selbst gewählten Sätzen durchzuführen. Versuchen Sie, wie ein Wissenschaftler bei einem Forschungsprojekt vorzugehen, indem Sie mit all Ihren Sinnen einen Satz Ihrer Wahl wahrnehmen und zum *Zentrum des Angenehmen bzw. Zentrum des Unangenehmen* kommen – ohne Bewertung. Ziel dabei ist es, mit Hilfe der Übung herauszufinden, was für Sie persönlich die Essenz, der Kern eines Satzes ist – welches Bild, welcher Klang, welcher

Geruch, welches Gefühl oder welcher abstrakter Gedanke im Zentrum steht.

Beginnen Sie und üben Sie dies mehrere Male im Laufe der nächsten Woche. Und vergessen Sie nicht: Immer wenn sich andere Gedanken dazwischen schieben, nehmen Sie sie einfach zur Kenntnis und kehren Sie wieder zu dem Satz zurück.

Bereits nach drei oder vier Tagen regelmäßiger Übung erfahren Sie wunderbare Nebeneffekte: mentale Entspannung, zunehmende Versunkenheit und Flow-Erlebnisse. Dabei wird Ihre Atmung ruhiger und gleichmäßiger, und Ihre Muskulatur entspannt sich. Das länger andauernde Gewahrmachen von Empfindungen bestimmter körperlicher Regionen kann zu einer verstärkten Durchblutung dieser Region führen. Die Übungen können im Prinzip überall dort durchgeführt werden, wo Sie etwas Zeit und Muße dafür finden: am Schreibtisch als Unterbrechung einer anstrengenden Arbeit, im Bus auf der Fahrt ins Büro oder beim Warten in einer Schlange vor der Kasse. Ziel ist es, das Gewahrsein allmählich zu einem wichtigen Bestandteil des Alltags werden zu lassen. Später kommt die Freude hinzu, in angespannten Situationen gelassener zu bleiben. Außerdem schulen Sie dadurch Ihre Konzentration.

Diese Übung ist auch die Voraussetzung für eine erfolgreiche Anwendung des Reentry-Heilungssatzes. Wenn es Ihnen gelingt, sich genauso intensiv auf Ihren persönlichen Reentry-Satz zu konzentrieren, wie Sie es mit den anderen Sätzen getan haben, werden Sie seine durchschlagende Wirkung erfahren.

Hier ein Beispiel von einem meiner Klienten:

«Mit 33 Jahren hatte ich das Gefühl, dass mein Leben außer Kontrolle war, und so habe ich mich für ein persönliches Gesundheitstraining entschieden. Trotzdem hatte ich einen Widerstand dagegen, je näher der Termin kam. Immer wieder war mein Kopf von Zweifeln überschwemmt und stellte meine Entscheidung in Frage, überhaupt zu diesem Gesundheitstraining zu gehen, weil ich vielleicht wichtigere Dinge zu tun hätte. Als wir uns dann tatsächlich gegenübersaßen, erzählte ich Hans-Peter Hepe von meinen Zweifeln, ob ich hier wirklich richtig war, und sagte ihm: ‹Ich konnte mich nie auf meine Eltern verlassen und bin bei Pflegeeltern aufgewachsen. Ich musste immer alles allein machen, dann werde ich doch auch mein Leben allein unter Kontrolle bekommen.›

Er lächelte mich an und schrieb folgenden Satz auf das Flipchart: ‹Es kann auch sein, dass ich gerade verlassen bin, weil ich glaube, alles allein machen zu müssen› und sagte: ‹Nimm diesen Satz mit all deinen Sinnen wahr. Lass dir dabei drei bis vier Minuten Zeit, und dann frage dich, was das Zentrum des Angenehmen von diesem Satz ist, und berichte mir anschließend, wie es für dich war.› Dann ließ er mich allein.

Als ich allein da saß, spürte ich einen gewissen Widerstand in mir, aber ich beschloss, mich auf sein Experiment einzulassen.

Ich bemerkte, dass ich eine gewisse Paradoxie des Lebens empfand, und musste lächeln. Ich gebe zu: Zunächst war ich schockiert, hatte ich doch mein Leben lang Angst, verlassen zu werden. Ich schaute ein bisschen genauer hin und bemerkte, dass ich schon im Alter von zwei Jahren von meinen Eltern allein gelassen wurde. Ich musste lachen und bemerkte den Gegensatz zwischen der lebendigen Farbe der Tatsache, dass ich verlassen bin, und der blassen, weißlichen Angst, verlassen zu werden.

Dieser Satz war rau, hart, doch bei längerer Betrachtung spürte ich neue Lebensmöglichkeiten, die mich weich und entspannt machten, und ein Prickeln lief über meine Brust.

Meine ganze Aufmerksamkeit war jetzt bei dem Satz, und als ich zu fragen begann, was das Zentrum des Angenehmen ist, empfand ich einen befreienden Rausch reiner Wahrheit und Erkenntnis, dass es egal ist und ich nicht länger alles allein machen muss.

Dann bemerkte ich, dass die Not, die ich empfunden hatte, verschwunden war, und dass ich mich ruhig und leicht fühlte.

Dieses beeindruckende Erlebnis im Gesundheitstraining ist jetzt drei Jahre her und hat mein Leben zum Positiven verändert, bis heute!»

Nun wissen Sie alles, um Regus mentalis in die Praxis umzusetzen, mit dieser Hilfe endlich Ihre Konflikte zu lösen und alle selbstschädigenden Verhaltensweisen für immer zu beenden.

Heilung aus eigener Kraft mit Regus mentalis

Wahrscheinlich brennen Sie jetzt darauf, endlich das bisher Erfahrene in die Tat umzusetzen.

Haben Sie die Aufmerksamkeitsübung ein paar Mal gemacht? Wie ist es Ihnen damit ergangen? Konnten Sie Ihre Aufmerksamkeit ausschließlich auf den gewählten Satz gerichtet halten? Vermutlich nicht. Wahrscheinlich haben immer wieder Gedanken versucht, Sie von dem eigentlichen Satz abzulenken. Das ist völlig normal, machen Sie sich deswegen keine Vorwürfe. Menschen, die sich mit Meditation beschäftigt haben – und vielleicht gehören Sie ja dazu –, wissen, wie schwierig es ist, seine Gedanken zu bändigen und den Geist zu beruhigen. Das erfordert viel Übung. Deswegen ist es auch nicht notwendig, krampfhaft zu versuchen, keine ablenkenden Gedanken aufkommen zu lassen. Es ist nur wichtig, die auftauchenden Gedanken zur Kenntnis zu nehmen und immer wieder mit der Aufmerksamkeit zu dem gewählten Satz zurückzukehren. Das reicht völlig.

Und jetzt geht es los:

1. Schritt: Sie haben vielleicht schon Ihren persönlichen Glaubenssatz oder Selbstbefehl im Laufe der Lektüre dieses Buchs gefunden. Dann können Sie gleich zum zweiten Schritt weitergehen. Wenn nicht, lesen Sie einfach weiter, ich liefere Ihnen noch einmal eine kurze Anleitung:

Die Ausgangsfrage lautet: Was geht Ihnen in dem entsprechenden Konflikt oder in Ihrer körperlichen Erkrankung durch den Kopf? Ziel des ersten Schrittes ist es, die Gedanken zu aktivieren, die Ihnen in der jeweiligen Konfliktsituation «durch den Kopf schießen». Dabei geht es nicht um eine Problembeschreibung, sondern darum, die Bilder, Vorstellungen, Überzeugungen etc., die mit dem Konflikt verknüpft sind, zu erfassen. Lassen Sie sie vor Ihrem inneren Auge ablaufen und halten Sie ihre Eindrücke in Stichworten auf einem Blatt Papier fest.

Welche Worte von Familienangehörigen, Freunden, Kollegen oder anderen wichtigen Bezugspersonen, die Sie verletzt haben, haben Sie noch heute im Ohr? Wie war die Situation? Was habe ich gemacht? **Was ist geschehen, was nicht geschehen durfte?**

Welche Befürchtungen wie Arbeitsplatzverlust, Verlust eines geliebten Menschen, Trennung, Verlust des sozialen Status, Alkoholabhängigkeit, psychische Leiden wie Schizophrenie, Demenz oder Depression, Krankheit, Verarmung, Mobbing in der Schule oder am Arbeitsplatz, hohe Leistungsanforderung usw., die Ihnen das «Gefühl des Untergangs» gegeben haben, spüren Sie heute noch in Ihrem Körper?

Ziel dieser Fragen ist es, dass Sie in sich hineinspüren, um herauszufinden, was bereits geschehen ist, vielleicht auch nur gefühlsmäßig, was aber Ihrer Meinung nach auf keinen Fall noch einmal geschehen bzw. überhaupt nicht erst geschehen darf. Dabei wird ein Bild, ein Satz oder ein Ereignis aus der Vergangenheit auftauchen.

Welcher Glaubenssatz oder Selbstbefehl ist Ihnen ins Bewusstsein gekommen? Zum besseren Verständnis hier ein paar Beispiele:

«Ich muss lieb sein, sonst erfahre ich die Willkür meiner Mutter.»
→ Ein Gefühl der Ohnmacht, als Mensch nicht zu zählen.

«Wenn ich die Prüfung nicht schaffe, ist alles umsonst gewesen.»
→ Ein Gefühl, das Gesicht zu verlieren, Scham- und Schuldgefühle.

«Es darf doch einfach nicht sein, dass mich mein Kollege immer im Gespräch unterbricht.»
→ Wut über soziale Ungerechtigkeit.

«Ich muss 10 Kilo abnehmen, sonst bin ich nicht liebenswert.»
→ Das Gefühl, versagt zu haben.

«Ich ärgere mich immer viel zu viel, und das darf nicht sein, sonst steigt der Blutdruck und ich könnte krank werden.»
→ Stolz und Abhängigkeit von äußeren Bedingungen.

«Ich muss alles tun, um nicht allein gelassen zu werden.»
→ Sucht nach Anerkennung und Aufmerksamkeit.

«Es darf nicht sein, dass ich allein gelassen werde.»
→ Leiden ist der Preis für das Leben. Die Zukunft sieht öde aus.

War eines der Beispiele Ihr Satz? Wenn nicht, welcher Satz ist beim Nachspüren aufgetaucht? Schreiben Sie ihn auf Ihr Blatt Papier. Und beachten Sie bitte: Lassen Sie sich in diesem Moment nicht auf Klagen, Erklärungen oder Pessimismus ein – schneiden Sie solche Gedankengänge ab. Bewerten Sie nicht und suchen Sie auch nicht nach einer Problemlösung.

2. Schritt: Nehmen Sie Ihren Satz und formulieren Sie ihn zu einem Reentry-Heilungssatz um.

Hier sind ein paar Beispiele, wie Sie einen Glaubenssatz in einen Reentry-Heilungssatz umformulieren können:

Wenn Ihr Glaubenssatz lautet:
«Ich muss lieb sein, sonst erfahre ich die Willkür meiner Mutter», dann heißt der entsprechende Reentry-Heilungssatz: «Es kann auch sein, dass ich Willkür von meiner Mutter erfahre, selbst wenn ich immer lieb bin.»

Wenn Ihr Glaubenssatz lautet:
«Ich muss alles für die anderen tun, sonst werde ich allein gelassen», dann formulieren Sie ihn in den folgenden Reentry-Heilungssatz um: «Es kann auch sein, dass ich allein gelassen werde, selbst wenn ich alles für die anderen tue.»

Und noch ein drittes Beispiel:

Wenn Ihr Selbstbefehl lautet: «Ich muss die Prüfung schaffen, sonst war alles umsonst», dann wäre Ihr Reentry-Heilungssatz: «Es kann sein, dass alles umsonst war, auch wenn ich die Prüfung bestehe.»

Jetzt fällt es Ihnen sicher leicht, Ihren Reentry-Heilungssatz zu formulieren:

«Es kann sein, dass …, auch wenn ich …»

Schreiben Sie ihn unter Ihren Glaubenssatz oder Selbstbefehl auf das Blatt Papier.

3. Schritt: Jetzt geht es darum, Ihren Schrecken zu konfrontieren. Wenn Sie Ihren Reentry-Heilungssatz haben, dann holen Sie sich ihn in Ihr Bewusstsein und spüren Sie ihn jetzt mit der Aufmerksamkeitsübung mindestens drei Minuten lang mit allen fünf Sinnen. Sie sehen, hören, tasten, riechen und schmecken Ihren Satz «Es kann sein, dass ich …, auch wenn ich …», ohne irgendetwas davon zu bewerten. Nehmen Sie dabei die Emotionen wahr, die Sie bisher verdrängt haben, und fragen Sie sich, was das Zentrum des Angenehmen ist, bis sich ein entspanntes Gefühl in Ihrem Körper ausbreitet.

Wie ist es Ihnen ergangen? Im Idealfall kann die Übung mit dem Reentry-Heilungssatz dazu führen, dass sich nach einer kurzen, körperlichen Erregung ein erleichterndes, befreiendes Gefühl im Brustkorb einstellt. Manchmal hören plötzlich und mit einem Schlag die schlechten Gefühle und das Endloskreisen der Gedanken auf, Sie müssen selbst darüber schmunzeln und stellen erleichtert fest, dass es gar nicht so schlimm ist! Und damit löst sich der Schrecken auf. Was Sie lange verdrängt haben, steht plötzlich im klaren Licht des Bewusstseins und verliert alles Bedrohliche. Manchmal dauert das eine Weile. Ich möchte Ihnen raten, diesen dritten Schritt, also die Konfrontation mit dem Schrecken durch den Reentry-Heilungssatz, mehrere Tage hintereinander durchzuführen. Das kostet nicht viel Zeit, und Sie werden voller Freude spüren, wie Sie sich von Lasten befreien und plötzlich das Leben eine neue Vitalität und neuen Sinn gewinnt.

Sollten Sie mehrere Glaubenssätze notiert haben, nehmen Sie sich einen nach dem anderen vor und führen den Regus-mentalis-Prozess durch: den Glaubenssatz oder Selbstbefehl aufschreiben, ihn dann in den entsprechenden Reentry-Heilungssatz umformulieren und sich darauf mindestens drei Minuten mit allen Sinnen fokussieren. Registrieren Sie dabei auch, was in Ihrem Körper passiert. Haben Sie tief ausgeatmet? Hat sich Ihr Bauch entspannt? Ist Ihr Brustkorb weiter geworden?

Mit Regus mentalis haben Sie ein Instrument an der Hand, das Sie bei Konflikten, schwierigen Situationen und sogar Krankheiten selbständig einsetzen können. Allein die Gewissheit, dass Sie Problemen nicht mehr hilflos ausgeliefert sind, sondern eine Methode beherrschen, mit der Sie alle Schwierigkeiten bewältigen können, verleiht Ihnen ein ganz neues Gefühl von Selbstsicherheit. Dadurch können Sie sich wieder voll auf das Leben einlassen, denn Sie wissen, Sie werden nicht untergehen.

Für Ihr neues Leben wünsche ich Ihnen von Herzen alles Gute!

TEIL III
DIE GRUNDFORMEN DER PERSÖNLICHKEIT

Persönlichkeitsprofile

Mit Hilfe von Persönlichkeitsprofilen können Sie zwei Dinge tun: die eigenen Verhaltensmuster und die der Mitmenschen besser verstehen und gezielt an den eigenen Verhaltensmustern arbeiten.

Der Mensch ist gar nicht so individuell, wie wir gerne glauben; er ist vor allem Teil einer Gemeinschaft. Doch was versteht man unter Persönlichkeit? Das Wörterbuch für Psychologie definiert diesen Begriff als «die vorherrschende Art und individuelle Eigenart des Ablaufs der seelischen Vorgänge».

In meiner Arbeit als Präventologe habe ich gelernt, dass der Mensch ein einmaliges und unverwechselbares Individuum ist. Dennoch gibt es Grundmuster, die wir mit anderen gemeinsam haben. Wenn man sich die Vielfalt der menschlichen Persönlichkeit anschaut, lassen sich die Menschen bei aller Individualität in vier Grundtypen einordnen. Das leugnet nicht die Einzigartigkeit eines Menschen, hilft aber dabei, einen Menschen besser zu verstehen und ihm die richtige Art von Hilfe zu bieten.

Ärzte haben sich zu jeder Zeit gefragt, was hinter den körperlichen Symptomen stecken könnte, die uns fast täglich begleiten. Gibt es ein Ordnungsschema, mit dem man diese Symptome verstehen und im Alltag sein Wohlbefinden verbessern kann – auch wenn man noch nicht richtig krank ist?

Der griechische Arzt Galenos von Pergamon übernahm die Vier-Elemente-Lehre von Hippokrates, wonach Feuer, Erde, Luft und Wasser in unterschiedlicher Zusammensetzung die Grundelemente allen Seins darstellen, und entwickelte sie zur Vier-Temperamente-Lehre. Wahrscheinlich sind Ihnen die vier Typen bekannt: der Sanguiniker, der allen Schwierigkeiten heiter und gelassen begegnet; der Phlegmatiker, der schwerfällig reagiert, der Melancholiker, der grundsätzlich immer schwarzsieht; und der Choleriker, der bei der kleinsten Schwierigkeit explodiert. Diese Einteilung der Menschen in vier Temperamente hat sich bis heute gehalten, gerade weil sie es so einfach macht, die Haupteigenschaften eines Menschen zu erfassen. Und wenn Sie sich in Ihrem Freundes- und Bekanntenkreis umschauen, werden Sie wahrscheinlich sofort Peter als Choleriker und Hans als Melancholiker identifizieren. Dadurch gehen Sie mit ihnen auch anders um: Bei Peter werden Sie Ihre Worte überlegt wählen, um nicht gleich einen Wutausbruch zu provozieren, und bei Hans wissen Sie, dass seine Hiobsbotschaften in der Regel nur halb so schlimm sind.

Mit Hilfe der hier vorgestellten Persönlichkeitsprofile können Sie sich selbst, Ihre Seele, Geist und Körper besser kennenlernen, herausfinden, welche unbewussten Verhaltensmuster Sie im Griff haben und zu welchen Krankheiten Sie neigen. Durch die Kenntnis der vier Persönlichkeitsprofile besitzen Sie eine sehr effiziente und treffsichere Orientierung – Sie können sie wie einen Kompass nutzen, können damit Licht auf unser Verhalten werfen und Zusammenhänge sichtbar machen. Diese Profile sollen einen Menschen jedoch nicht auf etwas «festnageln», auch wenn ich die Typen in sehr klaren, aber auch in extremen Ausprägungen beschreibe. Die Persönlichkeiten sind bewusst holzschnittartig gezeichnet und ein wenig übertrieben, damit das *Wesen*tliche sichtbar wird.

Sie sollten daher die Darstellung der vier Persönlichkeiten mit einer gewissen Leichtigkeit und einer Prise Humor lesen. Wenn Sie ab und zu bei der Lektüre schmunzeln müssen, sich ein wenig ertappt fühlen oder innerlich protestieren, dann haben meine Aufzeichnungen ihren Sinn erfüllt: Sie auf Möglichkeiten in Ihrem Leben hinzuweisen, Sie anzuregen und Ihnen Denkanstöße zu geben, die Sie in Ihrem Leben nutzbringend umsetzen können.

In den nachfolgenden Beschreibungen von Persönlichkeitsprofilen versuche ich, Denken, Fühlen und Verhalten in zwischenmenschlichen Beziehungen darzustellen.
Unsere Stellung in der Familie, in der Gemeinschaft oder in der Partnerschaft sagt etwas über das Ich-Bewusstsein aus, über unseren Willen und über die Art und Weise, wie wir unser Leben gestalten. Wir Menschen sind vielschichtige und widersprüchliche Wesen. Eine Persönlichkeitsbeschreibung kann deshalb nie einheitlich sein. Lassen Sie sich nicht verwirren, sondern markieren Sie den Absatz, der Sie überhaupt nicht anspricht, der völlig «daneben» zu sein scheint, und schreiben Sie mir (info@simplepower.de).

Erste Persönlichkeitsmuster

Beziehungsbindung ist ein evolutionärer Mechanismus, der bei allen Säugetieren greift. Das Tier- oder Menschenbaby baut unbewusst bereits vor der Geburt Beziehungsbindungen auf, die das eigene Überleben sichern. Die Gefühle der Mutter während der Schwangerschaft übertragen sich auf den Fötus und bilden die Grundlage für die ersten Orientierungs- und Persönlichkeitsmuster und damit für das spätere Temperament. Teile der individuellen Persönlichkeit bildet sich also schon im Mutterleib aus und damit auch unsere Art, wie wir auf die Erziehung unserer Eltern reagieren.

Erfahrungsabhängige Persönlichkeitsentwicklung

Dass Entwicklung «einfach so» passiert, sehen wir als Eltern jeden Tag. Wir müssen unseren Babys weder das Sehen noch das Hören beibringen, und selbst das Sprechen erlernen sie alleine. Und auch wie man krabbelt, sitzt und läuft, kriegen sie ohne unsere Hilfe raus.

Tatsächlich glaubt die Wissenschaft, dass vieles von dem, wie wir denken, fühlen und handeln, genetisch bedingt ist.

Doch das ist nur die halbe Wahrheit. Würden wir es nicht unseren Kindern in jedem Augenblick «unbewusst selbstverständlich» vormachen, wie man aufrecht läuft oder spricht, würden sie es eben nicht selbstverständlich lernen. Kinder müssen andere reden hören, um sprechen zu lernen, sie müssen «Raum zum Krabbeln» haben, um krabbeln zu lernen, und sie müssen *erfahren,* dass sie selbst durch eine bestimmte Handlung etwas erreichen können, um ein im Alltag wirksames Selbst zu entwickeln.

Hat die Mutter zum Beispiel Angst vor möglichen Gefühlsausbrüchen ihres Neugeborenen, wird sie immer bemüht sein, jeden Konflikt zu vermeiden, den das Kind oder sie in der Kindererziehung erleben könnte. Und sie will nicht nur gut, sondern perfekt sein – und füttert ihr Kind, bevor es ein Hungergefühl spürt. Es wird verwöhnt und ist dabei ziemlich unzufrieden, denn es fehlen die kleinen Frustrationen, die erst die Entwicklung fördern – und ganz besonders das befriedigende Gefühl, sich behauptet zu haben. Wir brauchen am Anfang unseres Lebens die Erfahrung bzw. das Gefühl der «Selbstwirksamkeit», dass wir selbst etwas bewirken können. Wenn wir diese Erfahrung nie machen, erwarten wir als Erwachsene, dass wir von unserem Partner verwöhnt werden, was früher oder später im Gefühl der Frustration und Unzufriedenheit enden muss. Übrigens: Ein konfliktvermeidendes Verhalten der Mutter führt beim Baby zu Störungen wie Schlaflosigkeit, Fütterungsschwierigkeiten und scheinbar grundlosem Weinen, später zu Bauchschmerzen, Kopfschmerzen, Nägelkauen, Sich-Kratzen und Stoffwechselstörungen durch übermäßiges Essen und Trinken.

Wir brauchen also die entsprechenden Erfahrungen, um eine gesunde Persönlichkeitsentwicklung zu erleben; erst dann sind wir fähig, in unseren jeweils unterschiedlichen Lebenswelten zurechtzukommen. Wird diese Entwicklung durch negative Erfahrungen beeinträchtigt, entwickeln wir Verhaltensweisen, die vor diesen Verletzungen schützen sollen, uns aber im Erwachsenenalter einschränken, unsere Lebensmöglichkeiten drastisch reduzieren und womöglich sogar lebensbedrohliche Krankheiten verursachen.

Bindung als Eigenleistung

Aus Sicht der Evolution müssen 10^{14} (also 100 000 000 000 000) Zellen zusammengebaut werden, bis aus der elterlichen Ei- und Samenzelle ein fertiger Mensch entstanden ist. Und zwar so, dass der Organismus genau das kann, was vor Ort wichtig ist, um zu überleben, um Partner zu finden, in der Gruppe zurechtzukommen und selbst wieder Kinder zu haben. Nach welcher Anleitung läuft die Entwicklung ab?

Das ist genau der Trick der Natur: Es gibt keine genaue Anleitung! Es gibt allenfalls ein paar Verhaltensregeln, und die sind schon Millionen Jahre alt.

Die Befolgung dieser Regeln hat bisher gut funktioniert: Bevorzuge Süßes und Fettes, mache dagegen um Bitteres einen großen Bogen. Meide Hitze, Kälte, Dunkelheit, Schlangen und sonstiges giftiges Getier. Und binde dich als kleines Baby an die Person, die sich am verlässlichsten um dich kümmert. Schaue, wie es die anderen Kinder machen, lerne vor allem ihre Sprache und ihre Spiele. Bemühe dich, in der Gruppe klarzukommen, versuche aber auch, dich in ihr auszuzeichnen. Schließe Freundschaften, merke dir aber auch, wer es schlecht mit dir meint. Der Rest der Entwicklung muss mehr oder weniger improvisiert werden. Das eine Kind muss lernen, wie es am besten eine

Schildkröte, das andere, wie es den Kopierschutz auf einer DVD knackt. Bindung ist keine Versorgungsleistung der Eltern, sondern eine Eigenleistung des Kindes.

Wenn etwas geschieht, was nicht in den Regeln vorgesehen ist, braucht es Improvisation, den spontanen Einsatz von Kreativität zur Lösung auftretender Probleme und der Entwicklung von Persönlichkeit und Charakter.

Was bestimmt unsere Persönlichkeit?

Noch in den 1980er Jahren glaubten namhafte Psychologen, dass die meisten Persönlichkeitsmerkmale vererbt seien; dies ging so weit, dass sie sogar menschliche Verhaltensmuster biologischen Mechanismen zuschrieben. Wenn jemand also mit einem ausgeprägten Dopaminsystem geboren wurde, dann ist er ein temperamentvoller, spontaner, risikobereiter, neugieriger und kreativer Mensch. Hat er eher ein dominantes Serotoninsystem, dann wird er sich mit großer Wahrscheinlichkeit treu, umsichtig, autoritätsgläubig verhalten und Regeln und Pläne lieben.

Doch Menschen sind sehr komplexe Wesen, die nicht allein durch biologische Mechanismen erklärt werden können. Gegenwärtig existiert noch keine Theorie der Persönlichkeitsentwicklung, welche die vielfältigen Einflüsse zusammenfassen könnte: das Zusammenwirken der genetischen (angeborenen) oder früh erworbenen Unterschiede der Konstitution mit den vielfältigen Einflüssen von Umweltbedingungen, Erziehungseinflüssen, Identitätsfindung und Selbstverwirklichung.

Jedenfalls steht fest, dass vieles, was bisher als genetisch festgelegt und damit als unveränderbar betrachtet wurde, inzwischen als gelernt oder aufgrund von Erfahrungen erworben angesehen wird und deshalb auch verändert werden kann.

Sehr stark prägen uns die Erfahrungen, die wir in den ersten sechs Jahren unseres Lebens machen. Diese Zeit teilt sich in vier Perioden auf, die entscheidend für unsere Persönlichkeitsentwicklung sind.

Die vier Lebensperioden der Persönlichkeitsentwicklung

Im Laufe der Jahrmilliarden haben sich anorganische Verbindungen wie Wasserstoff, Sauerstoff, Stickstoff, Kohlenstoff zu organischen Verbindungen vereinigt und als Lebewesen behauptet. Ringen die Pflanzen um Wachstum, so ringt das menschliche Dasein um selbständige Bewegung in der Begegnung mit anderen. Es ringt um Halt im Unvertrauten, um inneren Rückhalt und Behauptung gegenüber dem sozialen Umfeld und um selbständige Begegnung mit anderen.

Im Zusammenspiel von sozialen Beziehungen und Bindungen und deren Bedeutungen für das Kind in seinen vier dominanten Lebensphasen entsteht das, was man gewöhnlich als Persönlichkeitstyp bezeichnet. Nach jahrelangen Arbeiten zu den Grundlagen von Persönlichkeitstypen bin ich zum Schluss gekommen, dass jeder von uns eine Dominanz aus vier Persönlichkeiten aufweist, die in vier Perioden des Zusammenlebens geprägt wurden.

Erste Periode

Die erste Periode umfasst die ersten Monate unseres Daseins und ist davon geprägt, ob unsere Eltern unsere Bedürfnisse erfühlen und erfüllen. Ist das der Fall, haben wir ein Freiticket für die nächste Periode der Persönlichkeitsentwicklung. Sollte das jedoch nicht der Fall sein – unsere Eltern stecken in Beziehungskonflikten, fühlen sich dabei belastet, erschöpft, überfordert und haben keine Zeit, uns gebührend zur Kenntnis zu nehmen –, stürzen wir in eine Bindungsleere. Wir fallen auf uns zurück, beschäftigen uns mit uns selbst und tun uns ein Leben lang schwer, soziale Bindungen zu empfinden und aufzubauen.

Ich habe beschlossen, Männer und Frauen, die Selbstbezogenheit und Selbstbewahrung leben und Angst haben, von ihrem Partner durchdrungen zu werden, als *Allein mit mir* zu bezeichnen.

Zweite Periode

Haben wir die ersten Monate glücklich und erfüllt überstanden, beginnt die Periode der Wir-Symbiose. Wir erfahren unseren Wunsch nach selbständiger Bewegung und eigener Identität in Abhängigkeit von der Zustimmung oder Ablehnung unserer Eltern.

Die Liebe bzw. Aufmerksamkeit unserer Bezugspersonen muss womöglich durch Wohlverhalten erkauft werden; wenn wir die Bedingungen erfüllen, können wir unter Umständen Liebe und

Geborgenheit bekommen. So erfahren wir uns nur als Echo der Mutter, werden zunehmend beziehungsorientiert und fürchten uns vor der eigenen Entfaltung.

Solche Kinder – die dann später Männer und Frauen sind – halten andere für wichtiger als sich selbst und finden sich nicht liebenswert. Deswegen gelingt ihnen auch keine Abgrenzung, die wichtig für den eigenen Standpunkt und das eigene Selbstbewusstsein ist. Ich habe diesen Persönlichkeitstyp *Der Andere in mir* genannt.

Dritte Periode

In der dritten Periode, identisch mit unserem dritten Lebensjahr, taucht nach einer erfüllten Wir-Symbiose langsam das «Ich» auf, das sich als eigenständiges Wesen in der Familie integrieren will. Doch wie sollen wir uns integrieren, wenn wir unbeherrschte, unberechenbare oder gefühlskalte Eltern haben? Wenn wir ohne ersichtlichen Grund bestraft oder gelobt werden, nur weil die Eltern auf diese Weise ihre eigenen Konflikte abreagieren.

Wir sehnen uns mehr und mehr nach Sicherheit, leben übermäßig das Gewohnte und Vertraute und haben zunehmend Angst vor Neuem und Veränderungen.

Viele dieser Menschen berichteten mir von Brüchen in ihrer Lebensgeschichte: Sie konnten das Studium oder die Ausbildung nicht zu Ende führen. Oft wurden sie kurz vor einer Prüfung von einer lähmenden Versagensangst überfallen oder kamen beim Lernen nicht voran, weil sie jedes Detail genau überprüfen und alle Widersprüche ausschalten mussten; eine Sisyphusarbeit, die schließlich zum tatsächlichen Scheitern führte. Diese Menschen nenne ich *Im Bannkreis des Anderen*.

Vierte Periode

Auf die dritte Periode des Menschwerdens folgt die vierte und letzte, die Periode der kritischen Realitätsprüfung. Es ist die Zeit der Annahme oder Ablehnung. Im Alter von vier bis sechs Jahren entscheiden wir uns, ob unsere Eltern beziehungsweise unser soziales Umfeld unser Bedürfnis nach Vorbild und Führung erfüllen. Sind Eltern in dieser Lebensphase des Kindes widersprüchlich, unverständlich und haben wenig Gespür für die Nöte ihres Kindes, kommt es unweigerlich zu Ablehnung. Wir finden nicht mehr aus der Identifikation mit unseren chaotischen Eltern heraus, bleiben in der Rebellion stecken, sind leicht reizbar und schwierig zu befriedigen. Wir werden willensstark, verstehen es, uns durchzusetzen und sprühen nur so vor Ehrgeiz, in der Auseinandersetzung mit anderen unbedingt zu gewinnen. Eine perfekte Führungspersönlichkeit ist geboren, die sich nicht entmutigen lässt und meistens ihre Ziele erreicht. Dabei verlieren jedoch diese Menschen ihre Beziehung zu sich selbst, erkennen ihre eigene Not nicht. Daher habe ich diese Menschen *Mein Leben im Anderen* genannt.

Natürlich spielen auch andere soziale Umstände bei der Herausbildung unserer Persönlichkeit eine Rolle. Doch auch aus der Physik kennen wir nur vier Grundkräfte beziehungsweise Naturkonstanten, die extrem genau aufeinander abgestimmt sind und allen physikalischen Phänomenen der Natur zugrunde liegen. Sie sind dafür verantwortlich, dass sich bestimmte Teilchen untereinander anziehen, abstoßen oder auf eine andere Weise *wechselwirken* können. Würde man hier und da ein klein wenig an den Werten dieser Naturkräfte drehen, würden alle bekannten Vorgänge im Chaos zusammenbrechen.

Selbst unser Blut enthält einen biochemischen Code, der so einzigartig ist wie ein Fingerabdruck, und doch können wir sieben Milliarden Menschen in vier Blutgruppen einteilen. So wie die Blutgruppe der Schlüssel für die Geheimnisse unserer biochemischen Individualität ist, ist die Persönlichkeitsgruppe der Schlüssel für die Geheimnisse unserer Persönlichkeit. Sie enthüllt, wie wir anderen gegenüber denken, fühlen und uns verhalten.

Profil *Allein mit mir*

Die Persönlichkeit *Allein mit mir*

In George Orwells «Farm der Tiere» reagiert das Pferd Boxer auf alle auftretenden Probleme mit derselben stereotypen Antwort: «Ich will und werde noch härter arbeiten!» Anfangs spornt sein gutgemeinter Fleiß alle anderen Tiere an, doch mit der Zeit gehen Boxers unermüdliche Anstrengungen auf subtile Weise nach hinten los. Je härter er arbeitet, desto mehr Arbeit gibt es zu erledigen.

Allein mit mir-Persönlichkeiten sind Idealisten, die von der Sehnsucht nach einer wahrhaftigen, gerechten und moralischen Welt motiviert und angetrieben werden. Sie sind ehrlich und fair und können andere anspornen, an sich zu arbeiten, um zu reifen und zu wachsen. Schwer tun sie sich, fremde und vor allem eigene Unvollkommenheiten anzunehmen. Von klein auf versuchen sie, Musterkinder zu sein. Schon in sehr jungen Jahren internalisieren sie die Stimme der Mutter, die fordert: «Sei brav! Benimm dich! Gib Ruh!» Oft ist die Mutter eines *Allein mit mir*-Menschen moralistisch, perfektionistisch oder ewig unzufrieden; mit Lob wird gegeizt, überdurchschnittliche Leistungen werden als selbstverständlich vorausgesetzt. Schon die

Allein mit mir-Kinder erbrachten diese Leistungen, weil sie die Liebe ihrer Eltern nicht verlieren wollten. Sie lernen die Bedürfnisse und Erwartungen von Vater und Mutter zu erfüllen, verlieren dabei aber den Zugang zu den eigenen Gefühlen und zu ihrem wahren Selbst. Es ist das «Drama des begabten Kindes», um das berühmte Buch von Alice Miller zu zitieren.

Allein mit mir-Persönlichkeiten versuchen gut zu sein, um nicht bestraft zu werden. Sie wollen um jeden Preis verhindern, dass sie vom eigenen «Gewissen» verdammt werden. Im Erwachsenenalter ist es nicht mehr die reale Mutter, die die Rolle «Gewissen» spielt. Die Forderungen der Mutter sind jetzt internalisiert: Im Inneren von *Allein mit mir*-Persönlichkeiten wird dauernd Gericht gehalten; sie sind ihr eigener Ankläger, Verteidiger und Richter.

Dieser Persönlichkeitstyp ist sachlich, sehr kontrolliert und kein ausgesprochener Menschenfreund, weil er gut mit sich allein zurechtkommt. Er misstraut anderen, traut vor allem nur sich selbst. Abhängig von anderen zu sein bedeutet für ihn, sich selbst aufzugeben. Er wirkt verschlossen. Die Grenzziehung zu anderen Personen ist ihm wichtig.

In der Liebe kann sich der *Allein mit mir*-Typ schlecht hingeben. Der Satz «Ich liebe dich» kommt ihm kaum über die Lippen. Seine Zuneigung zeigt er in praktischen Dingen: Er bringt das Auto für den anderen zum TÜV, räumt auf oder kocht das Lieblingsessen. Menschen dieses Typus legen Wert auf ihre Unabhängigkeit, sind selbständig und langweilen sich allein nicht. Sie haben einen kritisch-unbestechlichen Blick, sind unsentimental, sachlich und verlässlich. Sie sagen: «Ich bin ich. Du bist du!» und wollen nicht von der ganzen Welt geliebt werden. Es sind oft klare und sehr kompetente Persönlichkeiten.

Dem *Allein mit mir*-Kind wurde die Kindheit ausgetrieben; es musste zu früh wie ein Erwachsener handeln. Oft musste es Verantwortung für seine Familie übernehmen, in der ein Elternteil ausgefallen war, oder es musste als ältestes Kind Vorbild für die jüngeren Geschwister sein.

Im Kampf gegen die Unvollkommenheit kann sich dieser Persönlichkeitstyp zu einem Don Quijote entwickeln, der gegen Windmühlen kämpft und den «unmöglichen Traum» träumt.

Allein mit mir-Persönlichkeiten sind traurig und verzweifelt, weil die Welt so unvollkommen ist. Der Abwehrmechanismus, den sie entwickeln, um ihre Traurigkeit nicht zeigen zu müssen, heißt Reaktionskontrolle. Anstatt unmittelbar und direkt zu reagieren, findet in ihrem Inneren in Bruchteilen von Sekunden ein Prozess der Zensur statt, der darüber entscheidet, was sie äußern. Deshalb antworten sie nicht spontan, sondern mit Verzögerung oder sie fragen noch einmal nach, um Zeit für ihren Prozess der Zensur zu gewinnen.

Der Drang, «gute Werke» zu tun, der einen in die Verzweiflung treiben kann, steckt in allen *Allein mit mir*-Persönlichkeiten.

Wenn dieser Persönlichkeitstyp eine Party betritt, wird er sich unauffällig verhalten und versuchen, niemandem Anlass zu geben, etwas Schlechtes über ihn zu denken. Eine gedankenlose Aussage einer *Im Bannkreis des Anderen*-Persönlichkeit nimmt er sich oft so zu Herzen, dass er in Depressionen verfällt und sich weigert, darüber zu reden.

Wenn man einem *Allein mit mir*-Typen ein Kompliment macht, fällt es ihm schwer, es anzunehmen; er wirkt eher bescheiden. Er plant sehr genau, und wenn er etwas anfängt, beendet er es meistens perfekt. Er ist kritisch eingestellt, meistens mit sich und seinen erledigten Aufgaben nicht zufrieden. Die meisten Genies, Ingenieure, Erfinder und Wissenschaftler sind *Allein mit mir*-Persönlichkeiten, so zum Beispiel Michelangelo: Bevor er die Statuen schuf, studierte er jahrelang den menschlichen Körper, um die Muskeln und Sehnen genau kennenzulernen.

Umgang mit Stress und mögliche körperliche Probleme

Allein mit mir-Persönlichkeiten sind die geborenen Problemlöser: Sie versuchen, aus jeder Situation das Beste zu machen. Verglichen mit den anderen Persönlichkeitstypen ist das Krankheitsrisiko um 30 bis 50 Prozent niedriger.

Doch sobald dieser Persönlichkeitstyp glaubt, sich an anderen Menschen orientieren zu müssen statt sachbezogen zu bleiben, kommt Sand ins Getriebe. Wenn der Problemlöser die Art und Weise, wie er sich gibt, als Ursache seiner partnerschaftlichen Probleme erkennt und emotional im Sinne des Partners handelt, um seine Ruhe zu haben, drohen ihm Tumorerkrankungen – denn wer sich auf dem Altar partnerschaftlicher Egoismen opfert, um den anderen «gut zu stimmen» oder um das «Eigentliche» zu schützen, handelt im Zweck des anderen.

Dominante Emotion und
gegensätzliches Verhalten

Die dominante Emotion einer *Allein mit mir*-Persönlichkeit ist Trauer und Verzweiflung. Verzweiflung können wir oft erst wirklich empfinden, wenn wir uns in Gesellschaft von Menschen befinden, die unsere Trauer ermessen und mit uns teilen können. Dieses Persönlichkeitsprofil ist extrem anfällig für Traurigkeit und Hoffnungslosigkeit und in der Begegnung leicht zu Tränen gerührt.

Das *Allein mit mir*-Kind hat auf die Entwicklung seines wahren Selbst verzichtet, um anderen zu gefallen und die Liebe der Eltern zu verdienen, die signalisiert haben: «Du bist nur o.k., wenn du so bist, wie wir dich brauchen!» Dieses Kind hat früh seine Kindheit verloren und musste handeln wie ein Erwachsener. Oft musste es früh Verantwortung übernehmen, war niedergeschlagen und verzweifelt. Im gegensätzlichen Verhalten manifestiert sich die Verzweiflung dieser Menschen als Rechthaberei; sie glauben, ein Recht zu haben, die anderen permanent auf ihre Unvollkommenheit hinzuweisen.

Allein mit mir-Persönlichkeit im Realitätskonflikt

Bei einem Realitätskonflikt kreisen die Gedanken um die wahrgenommene Realität und die Vorstellung davon, wie die Realität sein müsste. Es ist etwas geschehen, was im Widerspruch zu den eigenen Vorstellungen steht. Nietzsche hat es im folgenden Satz treffend formuliert: «Das habe ich getan, sagt mein Gedächtnis. Das kann ich nicht getan haben, sagt mein Stolz. Schließlich gibt das Gedächtnis nach.»

Notwendige Lebensstrategien

Von Anfang an erfährt das Kind, dass es den Erwartungen und Wunschvorstellungen der Eltern nicht entspricht oder unerwünscht ist (Tochter statt Sohn/Mutter wollte das Kind nicht). So entsteht eine Kontaktlücke in sozialen Beziehungen. Lange Trennungsphasen (zum Beispiel durch Krankenhausaufenthalte), früher Ausfall der mütterlichen Zuwendung, eine lieblose, gleichgültige oder gefühlskalte Mutter, oder das zu frühe Abgeben von Kindern ans «Personal» – all das führt zu einer Kontaktlücke, ebenso wie ein häufiger Wechsel der Bezugspersonen, häufige Reisen, Mütter, die in das Kind «einbrechen», und Eltern, die nicht mit ihrem Leben fertigwerden. Das Kind nimmt sich jetzt selbst als Bezugsperson: *Allein mit mir.*

Daraus entwickelte sich eine notwendige Lebensstrategie: «Ich muss alles allein machen. Niemand schert sich um mich.»

Entwicklungschancen, Lösungen und Veränderungen

Wenn Sie sich in diesem sozialen Persönlichkeitsprofil wiederfinden, geht es nun darum, Ihre Entschlossenheit zu trainieren. Ihren Worten folgen nicht immer Taten, oder sie werden nicht entschieden, konsequent und entschlossen genug von Ihnen umgesetzt. Dieses Zögern begann bereits in Ihrer frühesten Kindheit: Durch Zurückstellen der eigenen Interessen und durch diplomatisches Verhalten versuchten Sie, die Rücksichtslosigkeit der anderen einzudämmen. Heute fällt es Ihnen schwer, auch einmal entschlossen, ohne Rücksichtnahme auf andere, für sich selbst einzustehen.

Ein Klient mit den ersten Anzeichen einer Parkinson-Erkrankung kam mit seiner Frau zu einem Gesundheitstraining. Er war bereits im Ruhestand und hatte kein Hobby, was ihn selbst sehr bedrückte und seiner Krankheit merklich Vorschub leistete. Im Laufe unseres Gesprächs fand ich heraus, dass seine große Liebe das Motorradfahren war, er diese Liebe aber aus familiären und finanziellen Gründen über viele Jahrzehnte zurückgestellt hatte. Und jetzt war natürlich nicht mehr daran zu denken – als alter Mann aufs Motorrad zu steigen!

Während unseres Gesprächs flossen viele Tränen, und plötzlich spürte er im ganzen Körper, wie ungemein wichtig ihm die Erinnerungen waren, wie er als Jugendlicher und junger Mann mit seinem Motorrad durch die Gegend gebraust war.

Plötzlich bemerkte der Klient selbst, wie sehr er als

pflichtbewusster Familienvater seine Gefühle, seine Lust und langfristig seine Dopamin-Ausschüttung unterdrückt hatte. Jetzt war ein Entschluss gefallen, und nach nicht einmal drei Wochen bekam ich eine E-Mail mit folgendem Text: «Wir haben es in kurzer Zeit wahr gemacht. Motorrad gesucht, bei Ingolstadt gefunden, gekauft und hertransportiert. Klamotten gekauft und Auffrischungsfahrstunde genommen. Der Fahrlehrer hat sein Okay gegeben. Heute habe ich die erste größere Ausfahrt gemacht. Es war noch ein bisschen ungewohnt, aber trotzdem ein Supergefühl. Danke.»

Profil *Der Andere in mir*

Die Persönlichkeit *Der Andere in mir*

Im *New Yorker* erschien einmal ein Cartoon, auf dem ein Mann in einem Sessel abgebildet war; er stößt ärgerlich einen riesigen Dominostein um, der seine Bewegungsfreiheit auf der linken Seite einschränkt, und sagt sich dabei offensichtlich: «Endlich!» Natürlich sieht er nicht, dass der Dominostein den nächsten Dominostein umkippt und dieser den nächsten und so weiter und dass die lange Schlange der Dominosteine kreisförmig zu seinem Sessel zurückführt und ihm schließlich von rechts auf den Kopf purzeln wird.

Der Andere in mir-Persönlichkeiten setzen ihre Gaben für die Bedürfnisse anderer ein und sorgen sich um deren Gesundheit, Ernährung, Erziehung und Wohlergehen. Sie vermitteln ein Maß von Annahme und Wertschätzung, das anderen helfen kann, an den eigenen Wert zu glauben. *Der Andere in mir*-Menschen können großzügig teilen und «ihr letztes Hemd» geben. Sie stehen anderen bei, wenn sie Leid, Schmerz oder Konflikte durchmachen müssen. Diese Nächstenliebe und Verfügbarkeit haben allerdings auch Schattenseiten, die auf den ersten Blick nicht zu erkennen sind: Solche Menschen sind gefallsüchtig und brauchen übertrieben viel Dank und Wertschätzung. Viele haben in ihrer Kindheit nur bedingt Liebe erfahren; die Zuneigung wichtiger Bezugspersonen musste durch Wohlverhalten erkauft werden.

Die vermeintlich «schöne» Kindheit hindert diese Menschen daran, wütend oder traurig darüber zu sein, dass man sie ständig zu übertriebenem Wohlverhalten animierte. Manche erinnern sich auch, dass sie schon früh das Gefühl hatten, eine Stütze für die emotionalen Bedürfnisse der Mutter sein zu müssen, insbesondere, wenn die Mutter Konflikte aus ihrer eigenen Vergangenheit verdrängte. Und so gaben sie sich verständnisvoll und hilfsbereit und stellten eigene Bedürfnisse zurück; noch heute haben sie den Anspruch, lieb und hilfreich zu sein und sind in der Regel davon überzeugt, dass sie das auch sind.

Doch Menschen, die zu viel geben, haben ebenso wie Menschen, die immer nur nehmen, eine Schattenseite, denn irgendwann klagen die «Geber» Rückzahlung ein. Die «Nehmer» entwickeln Aggressionen gegen die ewig Gebenden, weil sie von ihnen zu Schuldnern gemacht werden. Zunächst verwöhnt und umsorgt ein *Der Andere in mir*-Typ andere Menschen ungebeten und ungefragt; wenn das den anderen zu lästig oder zu eng wird und sie auf Distanz gehen, anstatt diese «Liebe» zu erwidern, fühlt er sich betrogen und ausgenutzt.

Diese Menschen halten fortwährend das Thermometer in die Luft, um die soziale Temperatur und Windrichtung zu messen, weil sie ihre Identität darauf aufbauen, wie andere ihnen gesonnen sind und auf sie anspringen. Sie sind Teddybären – sie schmusen und knuddeln gern. Sie reden gern über Beziehungen und über die Liebe. Viele lesen gerne Liebesromane, weil das Leben ohne romantische Liebe nur halb so schön wäre. Oder sie chatten stundenlang im Internet und nähren dadurch die eigene Illusion, mit vielen Menschen vernetzt oder in romantischem Kontakt zu sein.

Der *Der Andere in mir*-Typ lebt also übermäßig die Wir-Symbiose, hat Angst vor dem Verlust des anderen – und Angst, allein zu sein. Er hält sich vielfach beim anderen statt bei sich auf, sehnt sich nach Verschmelzung. Die Selbstfürsorge bleibt unterentwickelt. Der Druck, den er dabei gegen sich selbst richtet, vermittelt sich an seine Umwelt und äußert sich in jenem subtilen Druck auf andere, der sich so schwer fassen lässt.

Sobald er das Gefühl hat, dass er zu kurz kommt, braucht er einen Sündenbock, um Schuld zuweisen zu können. Es kann die Hölle sein, sich seinen Hass zuzuziehen. Er kann genauso intensiv hassen, wie er lieben kann. Dann wird er ungemein grausam und brutal gegen sich und andere.

Menschen dieses Persönlichkeitstyps werden depressiv, jammern oft, wenn es nicht nach ihren Vorstellungen geht, und neigen eher zu Passivität. In der Sexualität sind sie oft hingebungsvoll, einfühlsam, wie eine Wärmflasche unter der Bettdecke.

Umgang mit Stress
und mögliche körperliche Probleme

Wie jemand gehandelt hat, kann die *Der Andere in mir*-Persönlichkeit emotional sehr «anmachen», vor allem dann, wenn ihr sehr viel an dem anderen liegt. *Der Andere in mir*-Persönlichkeiten sind In-sich-hinein-Fresser: Sie machen Probleme mit sich selbst aus, schlucken negative Emotionen herunter und sind schnell tief enttäuscht.

Was wir nicht als notwendige Aktion ausführen, führt in unserem Körper zu einer negativen Rückkoppelung. Die Zellmembranen kommen in ein überschießendes Aktionspotenzial, das unmittelbar zu einer Zellvergrößerung, einer Lipohypertrophie oder Übergewicht, führt. Die Folgen sind Verschlüsse der Durchgänge, koronare Herzstörungen, Fettleibigkeit, Übergewicht, Depressionen, Burn-out, chronische Erschöpfung und Stoffwechselstörungen – und sozial gesehen eine Verschiebung von äußeren, nicht gelebten, in innere körperliche Aktionspotenziale. Verdrängter Ärger und Zorn führen in unserem Körper beispielsweise zu Schilddrüsenunterfunktion oder generellen Stoffwechselstörungen.

Zudem sind *Der Andere in mir*-Persönlichkeiten oftmals suchtgefährdet. Neben Esssucht und der Sucht nach Schokolade müssen in diesem Zusammenhang vor allem Sex- und Beziehungssucht erwähnt werden. Die Bedürfnisse sind in der Regel sinnlich-emotionaler Natur: Zärtlichkeit, Zuneigung. Andere sinnliche Bedürfnisse können dabei leicht zum Ersatz werden: Essen oder exzessives Einkaufen. Daraus resultieren nicht selten

Gewichtsprobleme. Niemand sehnt sich so nach Liebe wie eine *Der Andere in mir*-Persönlichkeit.

Versucht dieser Persönlichkeitstyp, sich nicht in den Strudel von Gefühlen und Ereignissen ziehen zu lassen, sondern stattdessen nach einer Art «emotionaler Objektivität» zu handeln – denn niemand soll ihm anmerken, dass er wütend und enttäuscht ist –, droht eine Tumorerkrankung. Angst vor Neupositionierung fördert in unserer Biochemie Gewebszunahme.

Dominante Emotion und gegensätzliches Verhalten

Die dominante Emotion in einer *Der Andere in mir*-Persönlichkeit ist Ärger und Zorn.

Die wirksamste Möglichkeit, bei einem Kleinkind dieses Typs Zorn auszulösen, besteht in einem physischen Übergriff: Sie halten einem Kind die Arme so fest, dass es sich nicht bewegen kann.

Häufigste Ursache für Ärger und Zorn: Jemand stört uns bei dem, was wir tun wollen. Haben wir den Eindruck, dass es auch noch vorsätzlich geschieht, wird unser Ärger noch heftiger. Will uns jemand körperlich oder psychisch verletzen, beleidigt er uns, verunglimpft unsere Leistungen oder unsere äußere Erscheinung, werden wir Ärger und Zorn verspüren.

Physische und psychische Übergriffe und unsere wütende Reaktion führen in unserem Körper zu generellen Stoffwechselstörungen.

So wie die *Der Andere in mir*-Persönlichkeit ihre Identität in den Wünschen und Bedürfnissen anderer findet, so empfindet sich diese Persönlichkeit gleichzeitig als «Mittelpunkt der Erde», und blockiert damit die anderen. In extremen Fällen kann das bis zum Missbrauch führen. Gerade die Hilflosigkeit der anderen kann für einen *Der Andere in mir*-Typen anziehend wirken.

Die *Der Andere in mir*-Persönlichkeit im Konflikt mit ihrem Konflikt

Die *Der Andere in mir*-Persönlichkeit macht sich Lebensanschauungen von Personen, die sie liebt oder respektiert, zu eigen und kommt dabei immer wieder in Konflikt mit sich selbst.

Wie äußert sich das? Wenn sich ein Klient darüber ärgert, dass er sich so oft ärgert und daraufhin sein Blutdruck steigt, zeigt sich der Konflikt im Konflikt: «Ich darf mich nicht so oft ärgern.»

Angst vor der Angst, Ärger über den Ärger, Ärger über die eigene Angst, Ärger über die eigene Unfähigkeit, eine bestimmte Angst loszuwerden – dies alles sind Konflikte im Konflikt und treten im Alltag relativ häufig auf, vor allem dann, wenn Menschen sich bereits häufiger mit Psychologie beschäftigt haben.

Notwendige Lebensstrategien

Die *Der Andere in mir*-Persönlichkeit hat sich in totaler Abhängigkeit von der Mutter erfahren, die sie verwöhnt, damit entmachtet und sich ihrer bemächtigt hat. Das Kind erfährt sich nur als Echo der Mutter und versagt in der Konfrontation mit der Welt. Möglicherweise wurde das Kind auch mit Hilfe von Schuldgefühlen erzogen: Wenn es Widerspruch anmeldet, wird der Protest durch die Aufzählung, was die Mutter alles geleistet hat, im Keim erstickt. Wir haben Schuldgefühle und versagen uns Selbstwerdung und Selbstwirksamkeit.

Daraus entwickelt sich eine Lebensstrategie. «Ich mache immer alles falsch.»

Der dazugehörige Glaubenssatz: «Ich muss jeden glücklich machen, damit er mich liebt.»

Weitere Beispiele:

«Ich muss meine Mutter glücklich machen, dann bekomme ich auch ein bisschen Glück.»

«Ich muss lieb sein, sonst erfahre ich die Willkür meiner Mutter.»

«Ich muss alles tun, sonst bin ich ein Versager.»

«Ich muss still sein, sonst bin ich schuld.»

Entwicklungschancen, Lösungen und Veränderungen

Haben Sie sich in der Beschreibung erkannt? Neigen Sie dazu, äußere Umstände für Ihre Probleme verantwortlich zu machen? «Jemand anders» – die Mutter, der Nachbar, der Partner, der Markt, die Konkurrenten, die Presse, die Regierung – hat es Ihnen angetan.

Dabei sind wir und die Ursache unserer Probleme Teile desselben Systems. Der Schlüssel zum Verständnis, zu mehr Gelassenheit und damit Gesundheit und Lebensfreude ist unsere Beziehung zum «Feind».

Niemand ist schuld.

Das Ziel ist, dass Sie Ihre Geborgenheit in sich selbst finden. Selbstwirksamkeit vermittelt uns ein tiefes Gefühl der Sicherheit – und Geborgenheit ist mehr als nur Schutz und Unverletzbarkeit, sondern symbolisiert auch Nähe, Wärme, Ruhe und Frieden.

Profil *Im Bannkreis des Anderen*

Die Persönlichkeit
Im Bannkreis des Anderen

Im Bannkreis des Anderen-Persönlichkeiten haben großartige, wenn auch oft verkannte Gaben: Sie sind kooperativ, teamfähig und zuverlässig. In Beziehungen kann man sich auf ihre Treue verlassen. Ihre Freundschaften sind von warmherzigen und tiefen Gefühlen geprägt. Sie sind oft sehr originell und witzig, haben einen manchmal skurrilen Humor und setzen sich mit Leib und Seele für die Menschen ein, die sie lieben.

Doch sie können leicht von Selbstzweifeln befallen werden; das macht sie vorsichtig, furchtsam und misstrauisch. Wenn man bedenkt, wie vielen Gefahren ein kleines Kind schon vor der Geburt und dann in seinen ersten Wochen und Monaten ausgesetzt ist, kann man verstehen, dass es unzählige Menschen gibt, die die Devise entwickeln: «Die Welt ist gefährlich. Man muss auf der Hut sein. Ich muss unbedingt Sicherheit finden.»

Viele *Im Bannkreis des Anderen*-Persönlichkeiten berichten, dass sie kein Urvertrauen entwickeln konnten, weil sie unbeherrschte, unberechenbare oder gefühlskalte Eltern hatten. Sie wurden ohne ersichtlichen Grund bestraft oder gelobt, weil die Eltern auf diese Weise ihre eigenen Konflikte abreagierten. Ihnen wurde Angst gemacht, um sie zu kontrollieren, getarnt mit Begriffen wie Loyalität und Gehorsam. In Wirklichkeit ging es darum, dass sie vor ihren Eltern kuschen sollten. Diese Art von Gehorsam ist die Folge von Angst.

Sie fühlten sich allein gelassen, denn durch das unberechenbare Verhalten der Eltern bekamen sie niemals Halt. Ein Mangel an echtem Selbstvertrauen führt dazu, dass sich *Im Bannkreis des Anderen*-Persönlichkeiten nach Autoritäten umsehen, nach jemandem, der Sicherheit bietet, berühmt ist oder eine Machtposition innehat und sagen kann, wo es langgeht.

Diese Menschen sehnen sich nach Sicherheit. Sie wollen sich nicht mit Grautönen auseinandersetzen; sie wollen eine Welt, die übersichtlich in Schwarz und Weiß aufgeteilt ist, und eine Wahrheit, die absolut sicher ist.

Viele *Im Bannkreis des Anderen*-Persönlichkeiten berichten von Brüchen in ihrer Lebensgeschichte. Sie konnten das Studium oder die Ausbildung nicht zu Ende führen; oft wurden sie kurz vor einer Prüfung von einer lähmenden Versagensangst überfallen, oder sie kamen beim Lernen nicht voran, weil sie jedes Detail genau überprüfen und alle Widersprüche ausschalten mussten. Die Sisyphusarbeit, die eigene Meinung lückenlos abzusichern, kann schließlich dazu führen, dass man scheitert. Sie produzieren geradezu Situationen, in denen sie am Ende Schiffbruch erleiden. Sie «umgehen» ihre Ängste, indem sie anderen bei ihren Erfolgen helfen, oder setzen sich unerreichbare Ziele, sodass der Misserfolg vorprogrammiert ist. Sie kämpfen zwanghaft um ihr Überleben, was bisweilen masochistische Züge annehmen kann.

Eine ihrer großen Begabung ist der «sechste Sinn» für Ungereimtheiten und versteckte Gefahren. Sie selbst vermeiden Fehlverhalten, halten sich penibel an Normen, Gesetze und Regeln und achten darauf, dass auch niemand anders die festgelegten Abmachungen bricht.

Umgang mit Stress und mögliche körperliche Probleme

Im Bannkreis des Anderen-Persönlichkeiten sind Konfliktvermeider. Sie vertreiben oft das Lebendige, das Unkonventionelle, die Veränderungen im Leben und stehen folglich unter enormem Innendruck, wirken starr und unflexibel.

Vermeidung ist die schlechteste Methode, mit Stress-Situationen umzugehen. Autoimmunerkrankungen wie Schuppenflechte, Schilddrüsenerkrankung, multiple Sklerose, Fibromyalgie, Rheuma und autoaggressive Störungen wie Essstörungen, Angststörungen, zwanghaftes Verhalten sind ihr Gesundheitsrisiko.

Wer zudem in der Partnerschaft verloren hat, es sich selbst aber nicht eingesteht und nach den Maßstäben des Partners handelt, dem drohen zusätzlich Infektionskrankheiten wie nichttuberkulöse Atemwegserkrankungen oder Hepatitis.

Im Bannkreis des Anderen-Persönlichkeit im Entscheidungskonflikt

Bei einem Entscheidungskonflikt kreisen die Gedanken um einen Widerspruch zwischen zwei Muss-Vorstellungen.

Beispiele für solche situationsbedingten Entscheidungskonflikte sind «nett sein *und* gleichzeitig Grenzen setzen müssen», oder «beruflich erfolgreich sein *und* gleichzeitig viel Freizeit haben müssen» oder «eine wichtige Entscheidung mit allen Mitarbeitern diskutieren *und* rasch eine Entscheidung treffen müssen.»

Auch die Erwartungen an uns selbst können widersprüchlich sein: «Wie kann ich meine Eltern lieben *und* gleichzeitig bestrafen?»

Oder unsere Vorstellungen in einer Situation sind widersprüchlich: «Die Umwelt muss geschützt *und* es müssen neue Wohnungen gebaut werden.»

In jedem Fall sind Entscheidungskonflikte mit ihren Widersprüchen der Stoff, aus dem die Dramen gemacht sind – auf der Bühne wie im richtigen Leben.

Notwendige Lebensstrategien

Die *Im Bannkreis des Anderen*-Persönlichkeiten hatten Bezugspersonen, die keinerlei Freiraum ließen, die bestraften oder bedrohten, wenn man die Erwartungen nicht genau erfüllte. Diese Kinder erkannten schnell, dass sie nur dann in Frieden leben konnten, wenn sie sich möglichst unsichtbar machten und mit großem Einfühlungsvermögen erspürten, was die Eltern brauchten oder wollten.

Angst ist zum zweiten Ich dieser Kinder geworden. Sie entwickelten eine Persönlichkeit, die zwanghaft jeden Zufall ausschalten muss. Ihr Sicherheitsbedürfnis ist übergroß, und sie neigen aus diesem Grunde zu Dogmatismus und Prinzipienreiterei. Die *Im Bannkreis des Anderen*-Persönlichkeiten engen sich oftmals selbst ein und halten unter allen Umständen an Regeln fest. Folglich stehen sie unter enormem Innendruck, wirken starr, ungelöst und entwickeln daraus eine fast schon paradoxe Lebensstrategie: *«Ich werde schon meine Regeln und Prinzipien durchsetzen, egal wie ich mich dafür aufführen muss.»*

Dadurch wirken die *Im Bannkreis des Anderen*-Persönlichkeiten nach außen hin so unangepasst und extrem, obwohl sie selbst Unkonventionellem keinen Raum geben.

Entwicklungschancen, Lösungen und Veränderungen

Haben Sie sich in der Beschreibung ein wenig erkannt? Dann gehört zu Ihren Lebensaufgaben, zu lernen, sich von der ständigen Außenleitung durch Autoritäten zu lösen und stattdessen die Verantwortung für Ihr Leben und Ihre Gefühle zu übernehmen. Vor allem müssen Sie es wagen, Ihrer Angst ins Auge zu sehen. Wenn Sie den «Dämon» beim Namen nennen, haben Sie Macht über ihn und der Bann ist gebrochen!

Da die Ängste in der Regel übertrieben sind, ist es sinnvoll, diese Ängste auf Stichhaltigkeit zu überprüfen. Viele Vermutungen über die Motive und Absichten anderer sind Projektionen, die in der Regel mit den wirklichen Gedanken und Beweggründen der anderen nichts zu tun haben.

Profil *Mein Leben im Anderen*

Die Persönlichkeit
Mein Leben im Anderen

Es war einmal ein Teppichhändler, der entdeckte mitten auf seinem allerschönsten Teppich eine große Beule. Er versuchte, die Beule glatt zu treten – mit Erfolg. Aber sie tauchte nicht weit entfernt an einer anderen Stelle wieder auf. Wieder sprang der Teppichhändler auf die Beule, und sie verschwand – um gleich darauf an einer neuen Stelle wieder aufzutauchen. Wütend verfolgte der Mann die vorwitzige Beule kreuz und quer über den ganzen Teppich. Er sprang und stampfte und verhunzte dabei den ganzen schönen Stoff, bis er schließlich den Teppich an einer Ecke anhob, und siehe da – eine erboste Schlange flitzte heraus.

Um es gleich vorwegzuschicken: Für die *Mein Leben im Anderen*-Persönlichkeit ist gründliche Fehlersuche ein Muss, um die Freiheit zu erfahren, die immerzu gesucht wird.

Mein Leben im Anderen-Persönlichkeiten wirken stark und mächtig und sind fähig, auch anderen ein Gefühl von Kraft zu vermitteln. Sie haben ein Gespür für Gerechtigkeit und Wahrheit und erfassen instinktiv, wenn es irgendwo «stinkt», wenn

Ungerechtigkeit oder Unehrlichkeit am Werk ist. Sie sprechen das offen und direkt an. Wenn sie sich für eine Sache engagieren, können sie ungeheure Energien dafür aufbringen. Auf das Wort einer *Mein Leben im Anderen*-Persönlichkeit ist immer Verlass.

«Gute Mädchen kommen in den Himmel – böse Mädchen kommen überall hin!» Dieser Spruch ist sicherlich von einer *Mein Leben im Anderen*-Persönlichkeit erfunden worden. Sie haben frühzeitig den Eindruck gewonnen, dass die Welt weiche Tendenzen bestraft, und haben deshalb notgedrungen auf Härte gesetzt. Viele sind als Kinder unterdrückt oder herumgestoßen worden. Sie konnten niemandem vertrauen außer sich selbst. In ihren Cliquen haben sie Mutproben abgelegt, um zu beweisen, wie «tough» und unerschrocken sie waren. Ihre Eltern haben Stärke belohnt: «Lass dir nichts gefallen! Schlag zurück! Zeig den anderen, wer der Boss ist!» Die Starken beherrschen die Welt.

Einige haben ihre Haltung auch als Gegenreaktion gegen zu weiche, liberale und nachgiebige Eltern entwickelt. Sie tun sich schwer, Fehler einzugestehen, weil das wie Schwäche aussehen könnte. Sie nehmen nichts zurück und entschuldigen sich nicht. Andererseits können *Mein Leben im Anderen*-Persönlichkeiten sehr streng mit sich umgehen und sich selbst hart bestrafen.

Sie suchen Konflikte oder schaffen sie geradezu. Sie kämpfen mit harten Bandagen. Zum Glück ergreifen sie gern Partei für die Schwachen. Sind *Mein Leben im Anderen*-Persönlichkeiten an der Macht, fühlen sich ihre Untergebenen oft unterdrückt oder herumgestoßen, während sie selbst in der Regel gar nicht merken, dass ihr Verhalten anderen Angst macht. Sie drücken ihren Ärger meist sofort und direkt aus und können dann zur

Tagesordnung übergehen. Die Opfer ihres Ärgers dagegen erholen sich meist nicht so schnell.

Mein Leben im Anderen-Persönlichkeiten kämpfen, um Kontakt zu knüpfen. Sie verstehen oft nicht, wieso ihre Art der Kontaktaufnahme den meisten Mitmenschen Angst macht, und sie merken nicht, dass ihre Schläge unter die Gürtellinie gehen und für andere oft schwer zu ertragen sind. Sie sind häufig hervorragende Wettkampfsportler und Unternehmer, weil sie die Schwächen anderer sofort spüren und dadurch den eigenen Vorteil wahrnehmen können.

Sie schämen sich nicht, wie der Elefant im Porzellanladen aufzutreten. Wenn sie eine «Scheiße» sehen, dann sagen sie es. *Mein Leben im Anderen*-Persönlichkeiten sind keine Diplomaten. Sie gehen unter Umständen sogar so weit, ihre Gegner als bösartig oder geistig minderbemittelt hinzustellen. Sie ordnen ihre Mitmenschen in ein Freund-Feind-Schema ein, das anderen gar nicht angemessen ist.

Wehe, die *Mein Leben im Anderen*-Persönlichkeit begegnet jemandem, der zu selbstbewusst auftritt. Sobald jemand auf irgendeine Weise ausdrückt, dass er Macht hat, wird ihm die *Mein Leben im Anderen*-Persönlichkeit beweisen, dass sie mehr Macht hat. Einen Streit mit diesem Persönlichkeitstyp kann man nicht gewinnen. Gegen grobe Geschütze fahren sie noch gröbere Geschütze auf.

Umgang mit Stress
und mögliche körperliche Probleme

Im Umgang mit Stress ist die *Mein Leben im Anderen*-Persönlichkeit der Polterer. Er nimmt alles persönlich, sieht nur seine Bedürfnisse und lässt bei Ärger lautstark Dampf ab. Sein Gesundheitsrisiko sind Entzündungs- und Degenerationskrankheiten des Bewegungsapparates, der Gelenke, der Wirbelsäule und Nervenkrankheiten.

Wenn der Polterer dazu neigt, die Beziehung, mit der er sich identifiziert, übertrieben positiv wahrzunehmen und die problematischen Seiten der Beziehung auszublenden, dann drohen zusätzlich Infektionskrankheiten wie nichttuberkulöse Atemwegserkrankungen oder Hepatitis.

Dominante Emotion
und gegensätzliches Verhalten

Die dominanten Emotionen in der instinktiven Reaktion sind für *Mein Leben im Anderen*-Persönlichkeiten Ekel und Verachtung (Ekel wird erst ab Ende des dritten Lebensjahrs zu einer eigenständigen Emotion). Nicht nur Geschmack, Gerüche und Berührungen, nicht nur der Gedanke daran, nicht nur der Anblick und Klang können Abscheu, Ekel und Verachtung hervorrufen, auch die Handlungen und die Erscheinung von Menschen, ja sogar Ideen von Menschen vermögen dies.

Dieser Persönlichkeitstyp verachtet Hilflosigkeit, Schwachheit und Unterlegenheit. Er hat einen Hang zur Überheblichkeit und Rechthaberei, um nicht als «schwach» zu gelten. Im gegensätzlichen Verhalten kann er sehr weich und unterlegen erscheinen. Mit der für ihn typischen Härte gegenüber anderen verachtet er «Härte» und verträgt keine Schmerzen.

Mein Leben im Anderen-Persönlichkeit im Undurchführbarkeitskonflikt

Bei einem Undurchführbarkeitskonflikt kreisen die Gedanken um eine Leerstelle, die die Einhaltung der Muss-Vorstellungen scheitern lässt. Das Problem dabei ist, dass zwei einander widersprechende Muss-Vorstellungen vorliegen, die sich gewissermaßen gegenseitig blockieren: «Ich muss gewinnen, aber wenn ich gewinne, verliere ich liebe Menschen.»

Es kann aber auch sein, dass die Lösung eines Problems wegen mangelnder Ausbildung oder fehlender Fähigkeiten unmöglich ist. Dann kreisen die Gedanken endlos um die bestehenden Schwierigkeiten, ohne einen Ausweg zu finden.

Notwendige Lebensstrategien

Die Eltern konnten das Bedürfnis des Kindes nach Vorbild und Führung nicht erfüllen. Oft sind es wankelmütige, chaotische und leidende Eltern, die dem Kind zu viel Orientierung geben und dabei wenig Gespür für die Nöte ihres Kindes entwickeln.

Das Verhalten der Eltern ist widersprüchlich, unverständlich, unverantwortlich, sie bieten dem Kind zu wenig Halt. Die Kinder finden nicht aus der Identifikation (das verursacht Degeneration) mit ihren chaotischen Eltern heraus oder bleiben in der Rebellion (das verursacht Entzündung) stecken. Dieser Persönlichkeitstyp hat die Beziehung mit sich selbst nicht gefunden, er erkennt seine «Not» nicht.

Daraus entwickelte sich eine Lebensstrategie, die die Not wendete: «Ich muss jedem zeigen, wie es geht. Meine Logik ist das einzig Wahre.»

Weitere Beispiele:

«Ich muss gewinnen, sonst gehe ich unter.»

«Ich darf keinen Fehler machen.»

Entwicklungschancen, Lösungen und Veränderungen

Haben Sie sich in der Beschreibung ein wenig erkannt? Dann neigen Sie dazu, wenig Gespür für die Nöte Ihrer Mitmenschen zu haben. Sie fürchten die Taten der anderen, die unvermeidlich das Leben begrenzen, und bemerken nicht, dass Ihre selbstgeschaffenen Umstände Sie begrenzen. Sie verfolgen den Grundsatz «Lieber der andere als ich.»

Dieser Kampf um Unabhängigkeit kann nur durch ein tiefes «Einfühlen in andere» beendet werden. Dabei aktivieren Sie regenerative Glückshormone und fördern Ihre Gesundheit.

Schlussbemerkung

Sie haben sicherlich in den vier Beschreibungen der Persönlichkeiten den einen oder anderen Bekannten oder Kollegen erkannt (und vielleicht sogar sich selbst). Der Mensch ist eben nicht so individuell, wie wir alle gerne glauben.

Die Art und Weise, wie wir selbst über uns denken und uns anpassen, ist auf unsere frühen Beziehungsbindungen bis zum sechsten Lebensjahr zurückzuführen. Damals entstanden grundlegende Glaubenssätze, nach denen wir gehandelt haben, um nicht unterzugehen. Doch die gleichen Verhaltensstrategien, die einmal unsere vermeintliche Not linderten, blockieren und ziehen uns heute immer wieder in schwierige Situationen hinein.

Mit dem Wissen um die vier Persönlichkeitsprofile und der Anwendung von Regus mentalis kann man die endlos wiederholten selbstschädigenden Verhaltensweisen erkennen und sich von ihnen für immer befreien.

Ich möchte Sie ermutigen, die vier Persönlichkeitsprofile in Ihr Leben und Ihren Alltag zu integrieren. Es lohnt sich und ist hilfreich, andere Menschen besser einschätzen zu können. Das führt zu sehr viel Verständnis und Toleranz, vor allem, wenn man es mit Menschen zu tun hat, die anders «ticken» als man selbst.

Es verändert einfach den Blick, wenn man weiß, dass man es mit jemandem des *Der Andere in mir*-Typus zu tun hat, der immer alles auf den letzten Drücker erledigen muss und deswegen mal wieder eine Viertelstunde zu spät kommt, wenn man sich bewusst macht, dass eine *Allein mit mir*-Persönlichkeit zwischendurch ein bisschen Rückzug braucht und das nicht gleich als Liebesentzug aufzufassen ist – oder wenn man sich vergegenwärtigt, dass der zwanghafte Arbeitskollege eine *Im Bannkreis des Anderen*-Persönlichkeit ist, der die Dinge gern genau nimmt und uns mit seiner Kritik nicht ärgern, sondern vor Fehlern bewahren will. Und selbst die eigenwillige «Kontaktaufnahme Kampf» der Persönlichkeit *Mein Leben im Anderen* verliert seinen Schrecken und wird von uns nicht als Mobbing missverstanden.

TEIL IV
DIE WAHREN URSACHEN VON KRANKHEITEN

Der Mensch hat tausende von Krankheiten,
aber nur eine Gesundheit.

Der Mensch hat immer mehr Medikamente,
aber immer weniger Heilung.

Der Mensch kann Körper operieren,
aber nicht seine Gedanken modellieren.

Der Mensch kann Organe transplantieren,
aber nicht seine Vorurteile transformieren.

Der Mensch weiß alles über Krankheit,
aber nichts über Gesundheit.

Der Mensch hat immer mehr medizinisches Wissen,
aber immer größere Probleme,
das medizinische Wissen auch richtig umzusetzen.

Wir haben kein Wissensproblem,
sondern ein Umsetzungsproblem.

Einführung

Viele langwierig verlaufende Krankheiten, die durch konventionelle Behandlungen oft nur kurzfristig gelindert werden, lassen sich durch eine sorgfältige Aufarbeitung der Lebensgeschichte oft dauerhaft bessern oder sogar ganz ausheilen. Zu wissen, was man selbst tun kann, um wieder gesund zu werden, ist wohl die wichtigste Voraussetzung für Heilung aus eigener Kraft.

Als systemischer Präventologe durfte ich in den vergangenen 18 Jahren Tausende von Menschen jeder Alterskategorie und Lebenseinstellung kennenlernen, mit ihnen diskutieren, sie beobachten und mit ihnen arbeiten. Viele konnten dabei all ihre Traumata aus der Kindheit lehrbuchartig herbeten, aber ihre Probleme hatten sie nach jahrelanger Therapie immer noch.
Die grundlegende Wahrheit ist, dass wir nicht unter den vielzitierten Kindheitstraumata leiden, sondern unter den Gedanken und Glaubensmustern, die wir aufgrund unserer Erlebnisse entwickelt haben und die uns vor ähnlichen Erfahrungen schützen sollen.

Wenn Sie die ersten Kapitel aufmerksam gelesen haben, wissen Sie, dass wir nicht unter frühkindlichen Ereignissen von Missachtung durch unsere egozentrische Mutter oder dem Missbrauch unseres gewalttätigen Vaters leiden, sondern unter den Glaubensmustern und Handlungsstrategien, die wir entwickelt haben, um mit unseren Bezugspersonen klarzukommen.

Beschwerden und Krankheiten stehen im engen Zusammenhang mit unseren Gedanken und Emotionen. Deshalb ist es wichtig, dass Sie sich immer wieder die Frage stellen, *wie* Sie glauben, bestmöglich mit den Ereignissen in Ihrem Leben umgehen zu müssen.

Und noch einmal, weil es so wichtig ist: Fühlen Sie sich nicht gleich schuldig, wenn Sie hier lesen, dass Ihr Leiden und Ihre Krankheiten von Ihren Verhaltensweisen ausgelöst werden. Sie sind nicht schuld daran, dass Sie krank sind! Sie sind «verantwortlich» dafür, wie Sie mit den Ereignissen umgehen, aber nicht schuldig. Und wenn Sie für Ihre Krankheit verantwortlich sind, dann können Sie sie durch eine andere Einstellung und die daraus entstehenden Verhaltensweisen auch heilen. Wenn wir uns schuldig fühlen, verfallen wir in die alten Muster und sabotieren uns selbst.

Ich bin fest davon überzeugt, dass jeder die Verantwortung für sich übernehmen und damit auch sein Leben gestalten kann – denn die einzige Macht, die wir haben, ist die Macht über uns selbst.

Wie groß und vielfältig der Einfluss von Lebensstil, sozialem Umfeld und Psyche auf unser Wohlbefinden und Gesundheit ist, belegt auch die Aussage von Prof. Dr. Harald Walach von der Europa-Universität Viadrina: «Obwohl der Hauptanteil der Forschungsaktivitäten in die Entwicklung von Medikamenten fließt, machen jeweils 35 Prozent Psyche und soziales Umfeld aus, nur knapp 10 Prozent unsere Genetik, und lediglich die restlichen 20 Prozent lassen sich überhaupt medikamentös beeinflussen.»

Damit liegen immerhin 70 Prozent der Heilung in den Händen, in die sie gehört – in Ihren eigenen.

Unser Körper vergisst nicht. Nicht die verrauchten Tage und Nächte, nicht die familiären und beruflichen Belastungen, nicht den Perfektionismus, nicht die Versagensängste und genauso wenig die Aggression oder die Trauer, die sich nach einer gescheiterten Beziehung in uns anstauen. Die Medizin des 20. Jahrhunderts brachte revolutionären technischen Fortschritt, auch zum Beispiel für die Behandlung des Herzens. Mit Transplantationserfolgen und Kathetereingriffen, mit EKG-Präzession und Bypassoperationen retten Ärzte unzähligen Menschen das Leben. Die Herz-Kreislauf-Erkrankungen auszurotten gelang jedoch nicht. Die technischen Fortschritte allein reichen nicht. Wir müssen verstehen, dass wir maßgebliche Erfolge in der Gesundung erst erfahren, wenn wir das Verhalten und die Lebensgeschichte des Einzelnen in den Mittelpunkt stellen.

Stattdessen finden Gespräche, wenn überhaupt, nur am Rande einer gigantischen technischen Inszenierung statt – lebensgeschichtliche Ereignisse werden hingegen bagatellisiert.

Doch nicht nur unser Herz reagiert auf unser Gefühlsleben, sondern alle Organe: Skelettmuskeln, Gelenke, Lunge, Haut, Magen, Darm usw.

Angst und Einsamkeit, Misstrauen, Feindseligkeit und Aggressionen haben einen direkten Einfluss auf die körperliche Gesundheit. Ärger ist zum Beispiel eines der größten Herz-Kreislauf-Risiken.

Dabei wird die Art und Weise, *wie* wir uns vor den Unwägbarkeiten im Umgang mit anderen schützen wollen, zum Teil des Problems. Unsere Gefühle und Gedanken im Moment der Auseinandersetzung beeinflussen nicht nur unser Verhalten, sondern auch direkt die Stoffwechselwege des Körpers.

Unsere Muskelverspannungen und Schmerzen lösen sich erst dann, wenn auch unsere Gefühle und Gedanken locker lassen können. Ein Großteil der Rückenschmerzpatienten mit eingeschränkter Bewegungsmöglichkeit leidet in Wahrheit unter «unbeweglichen Fronten» in der Partnerschaft oder auf der Arbeit. Viele denken, sie haben es im Körper, nicht im Kopf – aber genau dort müssen wir lernen, dass nicht jeder Konflikt, jede Auseinandersetzung eine riesige Bedrohung ist und wir deswegen entspannter damit umgehen können.

Magenstörungen haben viel damit zu tun, wie wir uns fühlen. Eingebettet in ein dichtes Nervengeflecht, reagiert der Magen wie eine Mimose auf emotionalen Stress. Sodbrennen entsteht, wenn der Schließmuskel der Speiseröhre und unser Gemüt schlappmachen.

Jeder zehnte Deutsche leidet unter einem Reizdarm. Mehr als 100 Millionen Nervenzellen umgeben die Muskel- und Drüsenschicht unseres Darms, dabei sprechen sie die gleiche Sprache wie die Nervenzellen im Gehirn. So wird das «Gute-Laune-Hormon» Serotonin zum Großteil im Darm gebildet. Das neuronale Netzwerk im Bauch denkt also nicht über philosophische Fragen nach, sondern über die Ereignisse im Alltag. Grundgefühle wie Unruhe, Traurigkeit oder Angst spiegeln sich in Darmentzündungen, Durchfall oder Verstopfung wider.

Jeder einzelne Quadratzentimeter unserer Haut enthält im Schnitt sechs Millionen Zellen, 5000 Sinneskörper, 400 Zentimeter Nervenfasern, 200 Schmerzpunkte, 100 Schweißdrüsen, 15 Talgdrüsen, fünf Haare und einen Meter Gefäße. Damit ist unsere Haut der Schutzwall des Körpers gegen Keime und Schmutz und gleichzeitig tiefer Ausdruck unserer inneren Gefühle: schweißnasse Hände beim Vorstellungsgespräch, roter Kopf, wenn es richtig peinlich wird, und Gänsehaut, wenn wir uns ekeln. Anhaltender Stress verändert auch die Anatomie der Haut. Es besteht heute kein Zweifel mehr daran, wie dicht unsere Emotionen mit der Haut verwoben sind und warum Gefühle sich auf unserer Körperoberfläche niederschlagen – nur haben wir nicht gelernt, wie wir mit diesen Gefühlen umgehen können. Und so kämpfen sechs Millionen Neurodermitiker gegen quälende Ausschläge statt gegen ihren emotionalen Stress.

Auf Wasser und Nahrung können wir tagelang verzichten, doch wir schnappen wie wild nach Luft, bevor auch nur eine einzige Minute verstrichen ist. Asthma ist demnach nicht nur eine entzündliche, krampfartige Verengung der Atemwege, sondern auch eine emotionale Entzündung und Erstarrung über die Verletzungen, die uns geliebte Menschen zufügen können. So übermächtig unser Verlangen nach Luft ist, so übermächtig ist auch unser Verlangen nach Anerkennung. Wie oft hecheln wir aus emotionalen Gründen schon mal wie in Erstickungsnot – aus Ärger, Angst oder Liebe.

Mit der Darstellung der folgenden Krankheitsbilder biete ich Ihnen an, sich mehr und mehr bewusst zu werden, dass die Beschwerden und Krankheiten, an denen Sie leiden, durch Ihre

Gedanken und Emotionen verursacht sind – die Ereignisse selbst sind nur die Auslöser.

Bei jedem Krankheitsbild, das ich beschreibe, nenne ich die typischen Glaubenssätze, die dieser Krankheit unterliegen, und liefere Ihnen dann die passenden Reentry-Sätze, um den krankheitsauslösenden Glaubenssatz zu transformieren und damit der jeweiligen Krankheit den Boden zu entziehen.

Herz und Kreislauf

Der Mensch verfügt über einen großen und komplexen Körper und benötigt deshalb eine starke «Pumpe» sowie ein ausgedehntes Transportsystem, damit das Blut zu den Abermillionen von Zellen gelangen kann. Das menschliche Herz-Kreislauf-System transportiert Sauerstoff, Nährstoffe, Hormone und weitere wichtige Substanzen.

Die Thematik unseres Herz-Kreislauf-Systems ist demnach der Transport.

Bluthochdruck

Der Druck in den Herzkammern und Gefäßen sorgt dafür, dass das Blut im Körper verteilt wird. Ist er auf Dauer zu hoch, spricht man von Bluthochdruck. Dieser beschädigt oft unbemerkt Gefäße und Organe, mit Folgen wie Schlaganfall oder Herzinfarkt.

Das schwer arbeitende Herz ist etwa faustgroß, wiegt rund 450 Gramm, liegt in der Mitte des Brustkorbs zwischen den beiden Lungenflügeln und wird von unten durch das Zwerchfell gestützt. Das Herz wird umgangssprachlich auch als Pumpe bezeichnet – und Pumpen transportieren Flüssigkeiten und müssen dabei einen Durchflusswiderstand im System überwinden. Es untersteht nicht der willentlichen Entscheidung des Nervensystems und hat somit keine Nervenzellen, sondern an deren Stelle spezialisierte Herzmuskelzellen. Es ist damit auf sich selbst «zurückgeworfen».

Leiden wir an Bluthochdruck, so haben wir in einem besonderen Maß unsere Gefühle wie Wut, Ärger oder Enttäuschung unterdrückt. Wir glauben, dass unser Partner oder unsere Eltern uns beherrschen und bestimmen, was wir zu tun haben, aber wir leisten keinen Widerstand. Wir wehren uns nicht gegen eine erstickende Liebe oder die Forderungen unseres Chefs. Und unser Herz erhöht den Druck. Wir wissen nicht, wie wir diesen Berg an Gefühlen und Gedanken abtransportieren können. Wir fühlen uns unter Druck und ohnmächtig.

Frau G., 54 Jahre, kam in Begleitung ihres Mannes. Sie war eine zarte, kleine, gepflegte Frau, hatte einen 26-jährigen Sohn und arbeitete seit 25 Jahren in einem Steuerbüro. Seit einem Vierteljahr litt sie an Bluthochdruck und Schwindel mit dem Gefühl, wie in einem fallenden Fahrstuhl zu sein, zusätzlich bekam sie Herzrasen und Angstattacken. Sie hatte Angst, ohnmächtig zu werden, zu fallen, keine Kontrolle über sich zu haben. «Ich habe das Gefühl, dass ich mich auf meinen Körper nicht mehr verlassen kann und er mit mir macht, was er will.» Wenn sie sich dann gleich setzen konnte, beruhigte sie sich langsam. Ihr Ziel war es, mit dem Bluthochdruck und Schwindel besser leben zu können und nicht mehr so sehr von den Schwindelattacken «überfallen» zu werden.

Ihre Arbeit im Steuerbüro nahm sie sehr genau und wichtig. Arbeit, die sie während der Arbeitszeit nicht erledigen konnte, brachte sie mit nach Hause, um sie dort fertigzustellen, dies war insbesondere vor und nach der Urlaubszeit der Fall. Die Möglichkeit, Arbeit an andere Mitarbeiter abzugeben, kam für sie nicht in Frage. Die Beziehung zu den anderen Mitarbeitern war oberflächlich freundlich, aber nur auf den Arbeitsbereich beschränkt. Persönliche Angelegenheiten wurden nicht mitgeteilt. Aufgrund der Erkrankung fiel sie für zwei Wochen aus, woraufhin ihre Chefin meinte, sie müsse jetzt die Arbeit an andere Mitarbeiter delegieren, was Frau G. als Vorwurf verstand, sodass sie sich ärgerte.

Der Entry-Satz lautete in diesem Beispiel: «Ich muss alles gewissenhaft erledigen, sonst werden mir Vorwürfe gemacht.» Der entsprechende Reentry-Heilungssatz: «Es kann auch sein, dass mir Vorwürfe gemacht werden, selbst wenn ich alles gewissenhaft erledige.» Und auf diesem Weg konnte die Klientin Schritt für Schritt wieder ihre frühere Lebensqualität zurückgewinnen.

Beispiele für typische Glaubenssätze bei Bluthochdruck:

Entry
«Wenn ich nicht in die Entscheidungen eingebunden bin, dann fühle ich mich ohnmächtig.»
«Ich muss mich den Forderungen der anderen anpassen, sonst bin ich nicht akzeptiert.»

«Ich muss die besten Noten mit nach Hause bringen, sonst sind meine Eltern bedrückt.»

Bluthochdruck zeigt uns, dass wir uns des Drucks bewusst werden sollten, unter den wir uns selbst gesetzt haben. Die Reentry-Heilungssätze geben uns die Möglichkeit, langsam den Druck in uns abzulassen und uns endlich zu entfalten. Nicht die anderen haben uns an unserer individuellen Entfaltung gehindert, sondern wir uns selbst mit unseren Einreden, was nicht geschehen darf.

Reentry
«Es kann auch sein, dass ich nicht in Entscheidungen eingebunden bin, selbst wenn ich nicht ohnmächtig bin.»
«Es kann sein, dass ich nicht akzeptiert bin, auch wenn ich mich ständig den Bewegungen der anderen anpasse.»
«Es kann auch sein, dass meine Eltern bedrückt sind, selbst wenn ich gute Noten mit nach Hause bringe.»

Der Ausweg aus Bluthochdruck ist die Bereitschaft, mit alten Vorstellungen aufzuräumen. Und es ist möglich, das alles selbst zu erkennen und daran zu arbeiten, unsere eigenen Einstellungen zu den sprichwörtlichen Bergen, vor denen wir stehen, zu verändern. Denn Sie wissen ja: Unser Denken kann Berge versetzen, die Krankheit besiegen und unsere Ängste und Zwänge lösen.

Niedriger Blutdruck

Wie wir im vorangegangenen Absatz «Bluthochdruck» erfahren haben, stehen wir bei niedrigem Blutdruck unter einem Anpassungsdruck und bekommen gleichzeitig das Gefühl, uns nicht richtig entfalten zu können. Bei zu niedrigem Blutdruck weichen wir dem Anpassungsdruck aus, stehen nicht für uns ein und fügen uns.

Zu beachten ist, dass wir einen vergleichsweise niedrigen Blutdruck haben und uns dabei sehr wohl fühlen können, weil er unsere Lebensqualität nicht beeinträchtigt. Doch wenn wir darunter leiden, weichen wir sehr geschickt wesentlichen Konflikten in unserem Leben aus. Wir bagatellisieren, theoretisieren, ignorieren, resignieren – «Da kann man nichts machen» – und fügen uns. Wir empfinden nichts mehr. Wir stellen uns tot. Jetzt fühlen wir uns nicht mehr unter Druck, kommen aber auch nicht mehr in unser selbstbestimmtes Leben. Die Sehnsucht und Verzweiflung steigen und steigen, und der Blutdruck fällt und fällt.

Beispiele für typische Glaubenssätze bei niedrigem Blutdruck:

Entry
«Wenn ich nichts mache, dann kann auch nichts schiefgehen.»
«Ich muss mich tot stellen, sonst bin ich nicht frei.»

So wie wir uns bei Bluthochdruck selbst mit übersteigerten Erwartungen unter Druck gesetzt haben, ist ein zu niedriger Blutdruck ein Hinweis darauf, dass wir möglicherweise gar keine Erwartungen mehr haben. Wir sichern uns gegen Enttäuschungen ab: Wir erwarten von anderen nichts, dann können wir auch von ihnen nicht mehr enttäuscht werden.

Doch ähnlich wie beim Bluthochdruck hindern wir uns selbst, unser ganzes Potenzial zu entfalten.

Reentry
«Es kann auch sein, dass ich nichts habe, weil ich nichts mache.»
«Es kann sein, dass ich eben nicht frei bin, weil ich mich tot stelle.»

Herzinfarkt

Bei einem Infarkt sterben Herzmuskelzellen ab, weil sie infolge einer anhaltenden Durchblutungsstörung nicht mehr ausreichend mit Sauerstoff und Nährsubstanzen versorgt werden. Ursache ist in biologischer Hinsicht meist ein Blutgerinnsel, das sich in einem verengten Herzkranzgefäß bildet und verstopft. Rasche Wiedereröffnung des verschlossenen Gefäßes innerhalb von zwei Stunden mittels Einlage eines sogenannten Stents und Medikamenten zur Vermeidung eines erneuten Gefäßverschlusses ist die erste Wahl. Doch das allein reicht nicht. Wir müssen verstehen, dass wir eine wirkliche Heilung erst dann erfahren, wenn wir das Verhalten und die Lebensgeschichte des Einzelnen in den Mittelpunkt stellen – und am besten sollte man das vorbeugend tun.

So ist andauernder Ärger eines der größten Risiken für Herzinfarkt. Wir glauben, dass wir trotz extremen Arbeitseinsatzes oder sozialen Engagements die Forderungen der anderen nicht erfüllen können. Dabei ärgern wir uns am meisten über uns selbst. Es ist eher ein emotionaler Konflikt mit uns selbst als mit unserem Partner und seiner erstickenden Liebe beziehungsweise seinen unerfüllbaren Forderungen an uns. Wir können der eigenen emotionalen Überforderung kein Ende setzen. Das Leben wird zum Kampf, und plötzlich geht es um alles oder nichts. Wut, Frustration, Aggressivität, Wettbewerbsdruck oder finanzielle Probleme, zudem eine zunehmende Entfremdung von der Familie, den Arbeitskollegen und den engsten Freunden führen schließlich zum Infarkt.

Beispiele für typische Glaubenssätze bei Herzinfarkt:

Entry
«Ich muss mich durchsetzen, sonst habe ich verloren.»
«Ich muss still sein und mich anpassen, sonst werde ich immer wieder kritisiert.»

Wir glauben, dass die anderen uns ablehnen, aber im tiefsten Inneren lehnen wir uns selbst ab. Wir fühlen uns ohne Liebe der anderen allein, doch wir lieben uns selbst nicht. Erst wenn wir unseren Selbstalarm ausschalten können, finden wir inneren Frieden mit uns und den anderen und spüren in unserem Körper das Mitgefühl mit uns und den anderen.

Reentry

«Es kann auch sein, dass ich verliere, selbst wenn ich mich immer durchsetze.»

«Es kann auch sein, dass ich immer kritisiert werde, selbst wenn ich still und angepasst bin.»

Herzschmerz – Angina Pectoris

Angina Pectoris ist ein anfallartiger Schmerz in der Brust, der durch eine vorübergehende Durchblutungsstörung des Herzens ausgelöst wird. Der vorübergehende Mangel an Sauerstoff in den Herzmuskeln, ausgelöst durch eine Engstellung eines oder mehrerer Herzkranzgefäße, kann schwerwiegende Folgen haben (wie zum Beispiel Herzinfarkt).

Erfahren wir ohne körperliche Belastung Schmerzen in der Brust, sind wir im Streben nach Wertschätzung auf vermeintlich unüberwindliche Barrieren gestoßen. Wir haben plötzlich den Eindruck, dass das Leben und die Dinge, die wir gern tun, in Gefahr sind, haben Angst, fühlen uns gereizt und sogar verletzt, traurig oder verärgert. Wir glauben, den uns am Herzen liegenden Lebensrahmen nicht mehr gestalten zu können.

Hält dieser Druck an, sodass wir uns dem Partner oder der Familie gegenüber permanent arrangieren müssen, um die Lebensführung zum gemeinsamen Nutzen und zur gegenseitigen Versorgung zu gewährleisten, dann kommt es zur koronaren Herzkrankheit, eine generalisierte Erkrankung der Herzkranzgefäße.

Die Lebensqualität eines 30-jährigen Verwaltungsfachangestellten war wegen häufiger, vor allem nachts auftretender Herzschmerzen stark eingeschränkt. Neben den spontanen Herzschmerzen hatte er ein konstantes Kältegefühl in den Händen und vor allem in den Fingern. Er hatte Stress in seinem Beruf, meinte aber, damit klarzukommen, denn er musste auch immer etwas tun. Mit seiner Freundin war er seit sieben Jahren zusammen. Sie hatte ihn in dieser Zeit zweimal betrogen.

In unserem Gespräch wurde ihm schnell klar, dass er sich selbst unverhältnismäßig viel Schuld für das Fremdgehen seiner Freundin gab, und dass er ständig einen Balanceakt zwischen seiner Arbeit und seiner Partnerschaft vollführte.

Sein Reentry-Heilungssatz lautete: «Es kann auch sein, dass sich meine Freundin von mir trennt, selbst wenn ich alles ertrage.»

Seine Eltern hatten sich getrennt, als er acht Jahre alt war. Sein Vater hatte seine Mutter betrogen, worauf sie ihn sofort verlassen hatte. Er ist bei seiner Mutter aufgewachsen. Sie hatte es sehr schwer. Damals hatte er sich geschworen, dass ihm das nie passieren wird.

Beispiele für typische Glaubenssätze bei Herzschmerz:

Entry
«Ich muss dem Verhalten anderer zustimmen, sonst habe ich verloren.»
«Ich darf nichts Gegenteiliges sagen, sonst habe ich nur Krampf in der Partnerschaft.»

Angina Pectoris ist ein Zeichen für fehlende Wertschätzung trotz großen Bemühens. Wir müssen erkennen, dass das Leben ein ständiger Wechsel von Geben und Nehmen ist, dann kommen nicht nur wir wieder ins Gleichgewicht, sondern auch der Wechsel von Anspannung und Entspannung der Herzkranzgefäße.

Reentry
«Es kann auch sein, dass ich verliere, weil ich dem anderen zustimme.»
«Es kann auch sein, dass ich nur Krampf in der Partnerschaft erfahre, weil ich nichts Gegenteiliges sage.»

Lymphödem

Die Aufgabe des Lymphgefäßsystems ist es, das im Gewebe aufgenommene Gewebswasser (Lymphe) wieder dem Blutkreislauf zuzuführen. Die Lymphe enthält Blutkörperchen, Eiweiße und Fette und wehrt alles ab, was für den Körper schädlich ist. Damit ist das Lymphgefäßsystem ein Recyclingsystem und spielt eine wichtige Rolle in der Funktion des Immunsystems. Es fängt das Gewebswasser auf und bringt es zu circa 600 Lymphknoten, den ersten Filterstationen (Recyclinghöfe), dann geht es zur Milz (überregionale Recycling- und Abfallverwertungsanlage), die die roten Blutkörperchen einsammelt und sortiert. Das Lymphsystem hat keine eigene Pumpstation, wie der Blutkreislauf das Herz hat, sondern bezieht seine Fließbewegung durch unsere Körperbewegung. Deshalb ist ausreichende Bewegung so wichtig.

Wenn wir die Thematik eines Recyclingsystems einmal wörtlich nehmen, erkennen wir, dass Lymphgefäßproblematiken darauf hindeuten, dass wir davon überzeugt sind, von der Gemeinschaft sozial abgewertet, also wie Abfall behandelt zu werden. Das Lymphödem ist ein tiefer Ausdruck davon, dass wir von einer machtbesessenen Person kontrolliert werden – und wir «gute Miene zum bösen Spiel machen». Wir fühlen uns abgewertet, und unsere Lymphe läuft voll und steht kurz vor dem Platzen. Ein endloses, emotionales Klagen beginnt. Wir wollen raus aus dieser Situation, aber damit würden wir persönliche Einbußen erleiden.

Martina, 45 Jahre alt, litt seit einigen Jahren an geschwollenen Knöcheln, besonders der ganze rechte Fuß und die Zehen waren dick. In unserer gemeinsamen Arbeit fanden wir ihren emotionalen Hintergrund und damit auch ihren Reentry-Heilungssatz. Kurz bevor ihre Lymphstörungen an den Füßen begannen, trat sie in das Unternehmen ihres Vaters ein. Schon nach kurzer Zeit bereute sie ihre Entscheidung, denn ihr Vater setzte sie immer wieder mit irrsinnigen persönlichen Entscheidungen und Anordnungen unter Druck. So zum Beispiel war ein Urlaub mit ihrem Mann und ihren Kindern monatelang im Unternehmen geplant, doch zwei Tage vor Urlaubsbeginn forderte der Vater von ihr, dass sie ihren Urlaub absagte. Grund: Weil er es so wollte! Und sie sagte den Urlaub ab, und erträgt seit Jahren seine Launen. Kündigung ist auch nicht mehr möglich, sonst wird sie von ihrem Vater enterbt.

Beispiele für typische Glaubenssätze bei Lymphödem:

Entry
«Wenn ich nicht die Gemeinheiten ertrage, dann bin ich ganz schön blöd.»
«Ich muss allen Dreck ertragen, sonst bin ich ein Idiot.»

Obwohl Sie sich in Ihrer vitalen Entfaltung einschränken, sich zurückhalten, werden Sie schlecht behandelt. In der Lösung geht es darum, dass Sie sich auch als Idiot oder als «letzter Dreck» annehmen und lieben. Nur dann verlieren Sie Ihr Ziel nicht aus den Augen, wegen dem Sie eine Zeitlang auch bereit sind, die widrigsten Lebensumstände zu ertragen.

Reentry
«Es kann auch sein, dass ich ganz schön blöd bin, wenn ich die Gemeinheiten ertrage.»
«Es kann auch sein, dass ich ein Idiot bin, selbst wenn ich den Dreck ertrage.»

Machen Sie sich an dieser Stelle klar, dass beispielsweise ein Comedian selbst sich ganz bewusst blöd darstellt, um eben in seinem Leben auch sehr erfolgreich zu sein – und er hat keine Lymphödeme!

Krampfadern

Krampfadern sind knotig erweiterte, an der Oberfläche liegenden Venen der Beine. Ursache in 95 Prozent aller Fälle soll aus medizinischer Sicht eine genetische Disposition für eine Venenwandschwäche sein. An dieser Diagnose darf man zweifeln. Wenn man der Ursache von Krampfadern auf die Spur kommen will, muss man die Familiengeschichte anschauen.

Im Laufe unserer Kindheit haben wir immer weniger Freude durch unsere Familie, besonders durch unseren Vater, erfahren und empfunden. Seine extremen, harten Forderungen und Ansichten zu Moral und Arbeit haben mehr und mehr die Freude in uns erstickt und uns das Gefühl vermittelt, minderwertig zu sein. Und so verschlechtern sich unsere Venen; die ersten Schäden zeigen sich mit 30 Jahren.

Wir wollen uns nicht in eine bestimmte Richtung bewegen lassen, aber wir wissen auch nicht, wie wir uns den Forderungen entziehen sollen. Wir fügen uns ohne Gegenwehr, harren aus, stehen nicht zu uns und gehorchen Sachzwängen und Pflichten, die uns über alle Maßen aufgebürdet werden. Wir fühlen uns ständig zu etwas verpflichtet, was wir gar nicht tun wollen.

Beispiele für typische Glaubenssätze bei Krampfadern:

Entry
«Ich muss mitmachen, sonst habe ich bei meinem Vater verloren.»
«Ich muss alle Pflichten erfüllen, sonst werde ich immer wieder von meinem Vater kritisiert.»

Wenn wir unter Krampfadern leiden, haben wir Angst, unsere Individualität zu verlieren. Wir fühlen uns überfordert und glauben, nicht alles zu schaffen, und fürchten ständig, deshalb kritisiert zu werden. Doch im tiefsten Inneren kritisieren wir uns selbst.

Reentry
«Es kann auch sein, dass ich bei meinem Vater verloren habe, selbst wenn ich mitmache.»
«Es kann auch sein, dass ich immer von meinem Vater kritisiert werde, selbst wenn ich alle Pflichten erfülle.»

Leukämie – Blutkrebs

Die Leukämie, auch als Blutkrebs bezeichnet, ist eine Erkrankung des blutbildenden und lymphatischen Systems. Weiße Blutkörperchen (Leukozyten) vermehren sich unkontrolliert im Knochenmark und verdrängen dabei die dort übliche Blutbildung. Es entsteht eine Anämie durch Mangel an Sauerstoff transportierenden roten Blutkörperchen (Erythrozyten), ein Mangel an blutungsstillenden Blutplättchen (Thrombozyten) und ein Mangel an funktionstüchtigen weißen Blutkörperchen.

Als Ursachen werden Umweltgifte und genetische Vorbelastung genannt, doch meine jahrelange Erfahrung lässt darauf schließen, dass die Ursache vielmehr in der Überzeugung des Betroffenen liegt, der sich einem Hin und Her von Selbst- und Fremdbestimmung ausgesetzt fühlt. Wir empfinden das Verhalten unserer Bezugspersonen als abstoßend, aber glauben, uns nicht wehren zu dürfen. Damit geraten wir unter Fremdkontrolle. Wenn wir als Kind an Leukämie erkranken, sind wir tief enttäuscht von dem, was wir in der Familie körperlich und seelisch erfahren haben, obwohl unsere Familie oder einzelne Familienmitglieder und Bezugspersonen als «liebevoll» bezeichnet werden können. Auch zu viel Liebe kann problematisch sein, ganz besonders, wenn wir uns ihrer nicht erwehren können. Wir wollen natürlich auch die großen Erwartungen, die die Familie an uns stellt, um «jeden Preis» erfüllen. Wir handeln emotional im Sinne der anderen, obwohl es uns gegen den Strich geht. Wir verlieren mehr und mehr unseren Eigenwert und unsere Selbstbestimmung, und unsere weißen Blutkörperchen vermehren sich unkontrolliert.

Das Mädchen war zehn Jahre alt und hatte Leukämie. Wegen der Nebenwirkungen der Cytostatika war ihr ständig übel, sie weinte und hatte Schmerzen.

Ich trat mit ihr ans Fenster und fragte sie: «Siehst du den blauen See, wie er in der Sonne schimmert? Weit hinter dem Berg mit den vielen Bäumen, wo es geregnet hat, siehst du den Regenbogen? Riechst du die Blumen in den Gärten? Hörst du die Vögel singen? Ist das nicht alles wunderschön?»

Sie antwortete mir: «Mama ist soooo lieb zu mir. Wenn Mama und Papa endlich aufhören würden zu rauchen und zu trinken, dann müsste ich mir keine Gedanken machen, dass Mama und Papa sterben.»

Ihr Reentry-Heilungssatz lautete: «Es kann auch sein, dass Mama und Papa sterben, selbst wenn sie niemals rauchen und trinken würden.» Im ersten Augenblick mag es sehr hart sein, ein Kind mit dem Sterben zu konfrontieren, doch sie konnte endlich eine neue Entscheidung treffen: Die Entscheidung zu leben, weil diese Welt so wunderschön ist, ganz gleich, was ihre Eltern tun! Übrigens, die Eltern gaben sofort das Rauchen und den allabendlichen Rotwein auf.

Beispiele für typische Glaubenssätze bei Leukämie:

Entry
«Ich muss mich der mütterlichen Liebe fügen, sonst leidet meine Mutter.»
«Ich darf mich nicht zur Wehr setzen, sonst bin ich allein.»

Wenn wir an Leukämie leiden, haben wir Angst, mit unserer Meinung andere vor den Kopf zu stoßen, wo sie es doch nur gut mit uns meinen. Wir glauben, einem unlösbaren Konflikt ausgesetzt zu sein, den man nur durch Zurückhaltung und Unterdrückung eigener Ansprüche lösen kann – und gehen selbst unter!

Reentry
«Es kann auch sein, dass meine Mutter leidet, selbst wenn ich mich ihrer Liebe füge.»
«Es kann auch sein, dass ich allein bin, weil ich mich nicht zur Wehr setze bzw. selbst wenn ich mich nicht zur Wehr setze.»

Muskeln und Gelenke

Der Mensch besteht aus Abermillionen von Zellen, die Gewebe bilden, aus denen wiederum Organe und Organsysteme aufgebaut sind. Haut, Skelett und Skelettmuskeln bieten dabei dem Körper Schutz, stabilisieren ihn und sorgen für seine Bewegungsfähigkeit. Die Thematik unseres Körpergerüstes ist Stabilität, Rückhalt und Bewegung. Dazu zählen Knochen, Muskeln, Bindegewebe, Gelenke, Sehnen und Bänder.

Funktionsstörungen in den Organen unseres Körpergerüstes zeigen, welche Ansprüche auf Rückhalt und Bewegungsfreiheit wir gegenüber unserem sozialen Umfeld stellen, aber auch, dass wir emotionale Ablehnung durch unsere Bezugspersonen erfahren mussten.

Rückenschmerzen

Wir sind ein Volk von Schmerzgeplagten, vor allem Rückenschmerzen setzen vielen Menschen zu. Jeder Zweite hat laut Statistik mehrmals im Jahr Rückenschmerzen.

Dabei wird zwischen spezifischen und unspezifischen Schmerzen unterschieden. Der Unterschied ist wichtig, denn bei spezifischen Schmerzen liegen körperliche Ursachen vor, wie etwa starker Verschleiß der Wirbelsäule. Weit häufiger sind aber – und das bei immerhin zwei Drittel der Betroffenen – unspezifische Schmerzen, bei denen keine eindeutigen körperlichen Ursachen festgestellt werden können.

Fehlhaltung und mangelnde Bewegung lassen Teile der Rückenmuskulatur verkümmern. Um diese Schwäche auszugleichen, spannt sich die Rückenmuskulatur vermehrt an und wird dabei überbeansprucht. So weit die biologische Sicht. Doch emotionale Spannungen erzeugen den gleichen Effekt. Und dauern Muskelverspannungen und Schmerzen trotz Akutbehandlung länger als vier Wochen an, liegen die Ursachen in der Psyche. Dazu gehören Lebensstil, familiäre und berufliche Belastungen und die damit verbundenen Gefühle und Gedanken. Der Großteil der unbeweglichen Rückenschmerzpatienten leidet in Wahrheit unter einer festgefahrenen Partnerschaft oder einem zur Routine gewordenen Job. Und das verursacht emotionale Spannungen.

Wir glauben, dem Einfluss des anderen hilflos ausgeliefert zu sein, ihm nichts entgegensetzen zu können, oder wir fühlen uns gezwungen, in das Leben des anderen einzugreifen, weil er sonst nichts schafft. Wir sind davon überzeugt, dass uns andere fallen gelassen haben oder dass wir besonders tatkräftig sein müssen, damit der andere nicht «fällt». Wir fühlen uns an die Wand gedrängt. Wir müssen uns gegen Autorität auflehnen und machen unseren Rücken besonders gerade – eine krampfhafte Bewältigung des Alltags, der Glaube, die sozialen Pflichten über die eigene Kraft hinaus erfüllen zu müssen.

Beispiele für typische Glaubenssätze bei Rückenschmerzen:

Entry
«Ich muss funktionieren, sonst verliere ich meinen Arbeitsplatz.»
«Ich muss alles runterschlucken, sonst bin ich allein.»
«Ich muss meine Vorstellungen von Arbeit, Familie etc. durchsetzen, sonst bin ich ein Versager.»

Unsere Muskelverspannungen und Schmerzen lösen sich erst dann, wenn wir auch unsere Gefühle und Gedanken locker lassen können.

Reentry
«Es kann auch sein, dass ich meine Arbeit verliere, auch wenn ich funktioniere.»
«Es kann auch sein, dass ich gerade dann allein bin, wenn ich alles runterschlucke.»
«Es besteht auch die Möglichkeit, dass ich gerade deswegen ein Versager bin, weil ich meine Vorstellungen von Arbeit und Familie durchsetze.»

Weitere «unbewegliche Fronten» und emotionale Spannungen:

Rückenschmerzen, Schmerzen im Nacken stehen für den Glauben, seine sozialen Ansprüche und Ansichten beugen zu müssen, um Anerkennung zu erfahren: «Vergebliches Bemühen».

Rückenschmerzen, Schmerzen in der Brust stehen für den Glauben, sich Würde und Integrität versagen zu müssen, um Rückhalt in der Gemeinschaft zu erfahren.

Rückenschmerzen, Schmerzen im Lendenbereich stehen für den Glauben, über seine Leistungsgrenzen hinaus Leistungen vollbringen zu müssen, um Rückhalt in der Gemeinschaft zu erfahren.

Rückenschmerzen, Schmerzen im Kreuzbein stehen für den Glauben, zum Wohle der Gemeinschaft seine Eigenständigkeit als Individuum aufgeben zu müssen, um Rückhalt in der Gemeinschaft zu erfahren.

Rückenschmerzen, Schmerzen im Steißbein stehen für den Glauben, mit besonderem Einsatz und Hingabe Rückhalt in der Gemeinschaft zu bekommen, man aber dabei gescheitert ist.

Ein Beckenschmerzsyndrom steht für den Glauben, in der Beziehung zu versagen.

Bandscheibenvorfall

Die elastischen Bandscheiben zwischen den Wirbelkörpern machen den Rücken erst beweglich und federn Stöße ab. Beim Bandscheibenvorfall wölbt sich der Faserring mehr als sonst hervor. Der Vorsprung führt am Ort der Verschiebung zu heftigen Schmerzen. So weit die Begründung – doch die Gründe sind nicht identisch mit der Ursache.

Die Ursache ist, dass wir uns zwischen zwei Seiten gefangen fühlen und wir die Rolle eines Mediators spielen müssen, ähnlich einem Puffer. Oder uns wird bei der Arbeit plötzlich viel abverlangt, was wir nur mit Härte und strenger Selbstdisziplin glauben meistern zu können.

Auch der Druck familiärer und finanzieller Verpflichtungen führt uns über die Grenzen der Belastbarkeit hinaus, die wir uns nicht eingestehen – und es kommt zu einem Bandscheibenvorfall.

Beispiele für typische Glaubenssätze bei Bandscheibenvorfall:

Entry
«Ich darf nicht um Unterstützung bitten, sonst werde ich beschämt.»
«Ich muss stark sein, sonst gehe ich unter.»
«Ich muss die augenblickliche Situation allein stemmen, sonst gehöre ich nicht mehr dazu.»

Wir sehen unser Leben wie eine Maschine; alles läuft automatisch ab. Dabei geraten unsere Emotionen zwischen die Mühlräder des Alltages. Wir rebellieren gegen Situationen, für die wir nicht wirklich Lösungen haben. Wir lassen nicht locker, auf keinen Fall! Und so bleiben wir in chronischen Schmerzen gefangen. Die Ursachen der Schmerzen sind nicht wirklich die verschobenen Bandscheiben, sondern unsere Glaubensmuster und tief verankerten Überzeugungen.

Reentry
«Es kann auch sein, dass ich beschämt werde, selbst wenn ich nicht um Unterstützung bitte.»
«Es kann auch sein, dass ich gerade deshalb untergehe, weil ich stark sein muss.»

«Es besteht auch die Möglichkeit, dass ich nicht mehr dazugehöre, weil ich glaube, alles allein stemmen zu müssen.»

Skoliose

Unter Skoliose versteht man eine seitliche Krümmung der Wirbelsäule, begleitet von Verformungen der Wirbelkörper. Sie wird bis heute ohne bekannte Ursache schulmedizinisch behandelt. Dabei tritt Skoliose in 90 Prozent aller Fälle in der Kindheit auf, besonders ab dem elften Lebensjahr.

Die Diagnose Skoliose zeigt, dass wir uns in unserer Familie machtlos und verzweifelt fühlen. Wir glauben, unsere Ansichten vor den Eltern verbergen zu müssen, um nicht immer wieder getadelt zu werden und damit ganz unterzugehen. Eigentlich lehnen wir unser soziales Umfeld ab, weil ständig «Wasser gepredigt und Wein gesoffen wird». Unsere Eltern können unsere Bedürfnisse nach Vorbild und Führung nicht erfüllen. Sie sind wankelmütige, chaotische und leidvolle Eltern, die uns zu viel Orientierung geben und dabei zu wenig Gespür für die eigenen und vor allem für unsere Nöte haben. Wir sind zufälliger Zuwendung oder Abwendung ausgesetzt. Dabei halten wir aber an einem hohen Anspruch fest, wie gute Beziehungen sein sollten.

Wir glauben uns fügen zu müssen, nicht für uns einstehen zu dürfen, weil wir fürchten, sonst den Rückhalt in dieser Familie zu verlieren. Wir stehen nicht für uns ein.

In einem Vortrag hatte ich gerade die psychischen Hintergründe von Skoliose dargestellt, als eine Zuhörerin, circa 45 Jahre alt, aufsprang und in größter Erregung meinen Worten zustimmte. Auf meine Frage, warum sie sich dabei so freue, antwortete sie: «Bei Ihrer Darstellung fiel mir gerade ein, dass ich mit 17 Jahren die Diagnose Skoliose bekommen habe und ich mir damals gesagt habe, dass mir jetzt alles reicht. Ich konnte mich von zu Hause mit einem Auslandsaufenthalt erfolgreich absetzen. Heute Abend ist mir bewusst geworden, dass ich die Skoliose gar nicht mehr habe. Ich weiß jetzt, dass ich instinktiv es richtig gemacht habe. Meine Eltern sind heute noch genauso, wie Sie sie in Ihrem Beispiel beschrieben haben.»

Beispiele für typische Glaubenssätze bei Skoliose:

Entry
«Ich muss das Chaos mitmachen, sonst gehe ich unter.»
«Ich muss hohe Beziehungsansprüche vor mir selbst erfüllen, sonst werde ich wie meine Eltern.»

Die Skoliose steht also im Zusammenhang mit unserem Wunsch, vor einer Situation oder einem Menschen zu fliehen, aber wir glauben, dass man so etwas nicht tut oder es uns unmöglich ist. Auch wenn die Umstände irrsinnig erscheinen mögen, wir halten aus – und unsere Wirbelsäule verschiebt sich seitlich.

Reentry

«Es kann auch sein, dass ich gerade deswegen untergehe, weil ich das Chaos mitmache.»

«Es besteht auch die Möglichkeit, dass ich wie meine Eltern werde, selbst wenn ich hohe Beziehungsansprüche an mich selbst stelle.»

Rheuma

Mit Rheuma werden mehr als 400 schmerzhafte und chronische Erkrankungen des Muskel-Skelett-Systems bezeichnet. Vielen Krankheiten des rheumatischen Formenkreises ist gemeinsam, dass sie auf Entzündungen oder Degeneration zurückzuführen sind. Die Gelenke werden steif und die Bewegungen damit schwieriger und schmerzvoller.

Es ist eine Immobilitätsreaktion beziehungsweise Erstarrungsreaktion, die die volle Bewegungs- und Funktionsfähigkeit einschränkt. Dabei handelt es sich um eine der drei primären Reaktionsarten, mit denen Säugetiere übermächtigen Bedrohungen entgegentreten. Doch während die meisten von uns schon einmal von der Kampf- oder der Fluchtreaktion gehört haben, ist die Bedeutung des Erstarrens bisher nur wenigen bekannt. Die Natur hat die Immobilitätsreaktion bzw. Erstarrungsreaktion aus zwei guten Gründen entwickelt. Einerseits ist sie eine Überlebensstrategie, die Ihnen vielleicht besser als «Sich-tot-Stellen» bekannt ist. Der zweite Aspekt des Erstarrens bei Lebensbedrohung ist, dass wir als Säugetiere – die wir ja sind, auch wenn wir uns für etwas Besseres halten – dabei in einen veränderten Bewusstseinszustand eintreten, in dem wir keinen Schmerz spüren, wenn die scharfen Zähne des Raubtiers, oder in unserem Fall die beißenden Bemerkungen unseres Chefs uns zerreißen.

In der Körpersoziologie sind Rheumaschmerzen Ausdruck einer ärgerlichen, aber auch ängstlichen Gemütsstimmung gegenüber Veränderungen bei gleichzeitiger Immobilitätsreaktion beziehungsweise Erstarrungsreaktion gegenüber den Familienmitgliedern, Arbeitskollegen oder Freunden.

Wir haben große Emotionen, wie Wut, Trauer und Ängste, verletzt zu werden oder unterzugehen, signalisieren aber nach außen, über allem zu stehen, und wiederholen ständig: «Alles läuft bestens.» Wir fühlen uns als Opfer, aber flüchten oder kämpfen nicht, was schlussendlich zu Kritik an uns selbst führt. Wir geben uns nicht mehr die geringste Chance – ein schier unendlicher innerer Kampf. Wir befinden uns in zweideutigen Situationen, die uns quälen: «Soll ich kämpfen oder flüchten – oder nicht?»

In der Hitze unserer Vorstellungen von idealen Beziehungen sind wir «entzündet» (Entzündungskrankheiten), und im Aussitzen (Degenerationskrankheiten) der vorgestellten Idealbeziehung beginnt unser Muskel-Skelett-System zu schmerzen.

Wir sind nun sehr empfindlich gegenüber Veränderungen geworden, schätzen keine Überraschungen, sind beharrlich, ehrgeizig und erfüllen die Pflichten der Gemeinschaft über unsere eigene Kraft hinaus. Solidarität und Pflichterfüllung ist unsere Identität – und soziale Beliebigkeit ist abzulehnen.

Michaela, 11 Jahre alt, hatte seit zwei Jahren rheumatische Schmerzen in beiden Fußgelenken. Selbst am Schulsport konnte sie nicht mehr teilnehmen, obwohl es ihrem Pflichtgefühl widersprach – aber ihre Schmerzen waren einfach zu groß.

Ich fragte die Eltern, was sich denn in den letzten zwei Jahren im Zusammenleben der Familie *verändert* hatte. Das konnte sehr schnell beantwortet werden: Die Eltern hatten den Dachboden für sich als Schlafraum ausgebaut, und den Kindern war es nicht gestattet, nach oben zu kommen: «Papa braucht den Schlaf.»

An diesem Beispiel ist sehr gut zu erkennen, dass nicht das Ereignis selbst uns Schmerzen bereitet – schmerzhaft ist, wie Michaela selbst versucht, das Ereignis zu bewältigen. Sie ist entzündet, ärgerlich und gleichzeitig auch ängstlich, weil sie in der Nacht nicht mehr zu ihren Eltern gehen darf. Ihr Glaubenssatz lautete: «Ich muss alles tun, was von mir erwartet wird, sonst bin ich wertlos», und ihr Reentry-Heilungssatz lautete: «Es kann auch sein, dass ich wertlos bin, weil ich alles tue, was von mir erwartet wird.»

Michaela lächelte mich dabei an und sagte in ihrem kindlichen Scharfsinn: «Dann ist es ja egal. Dann darf ich auch einmal in das Schlafzimmer meiner Eltern gehen, wenn ich wertvoll bin und es brauche.»

Beispiele für typische Glaubenssätze bei Rheuma:

Entry
«Ich muss die Bedingungen der anderen erfüllen, sonst werde ich nicht geliebt.»
«Ich muss still sein, sonst bin ich allein.»
«Wenn ich nicht alles mitmache, dann habe ich jede Menge Ärger.»

Es ist ungemein beeindruckend, mit wie viel Wut, Ärger und Traurigkeit die Lösung aus bevormundenden Familienverbänden, schlechten Ehen oder miesen beruflichen Situationen verbunden ist; aber oftmals kann man sich aus Angst vor dem Unvertrauten nicht dazu aufraffen und verharrt daher in einer Umgebung, in der man leidet.

Man fühlt sich selbst wie ein Blatt im Wind. Der andere hat sich als eine übergeordnete Kraft positioniert – wenn wir gegen ihn arbeiten, haben wir verloren, und wenn wir mit ihm leben, haben wir auch verloren. Was wir auch tun, der andere hat immer recht – und wir haben rheumatische Schmerzen.

Reentry
«Es kann auch sein, dass ich nicht geliebt werde, selbst wenn ich alle Bedingungen der anderen erfülle.»
«Es kann auch sein, dass ich allein bin, weil ich still bin.»
«Es kann auch sein, dass ich jede Menge Ärger habe, selbst wenn ich alles mitmache.»

Fibromyalgie

Die Erkrankung ist vor allem gekennzeichnet durch chronische Schmerzen im ganzen Körper, die allerdings nicht von einer Entzündung des Muskelgewebes herrühren. Fibromyalgie wurde zunächst in den Bereich der rheumatischen Beschwerden eingeordnet, später auch mit nervösem Darmsyndrom, Spannungskopfschmerzen und dem chronischen Müdigkeitssyndrom in Zusammenhang gebracht. Doch die verschiedenen Behandlungsmethoden brachten kaum nennenswerte Erfolge, weil über die Ursachen der Krankheit keine Klarheit herrschte.

Erst wenn man den «Grundsätzen des Lebens» des Betroffenen auf die Spur kommt, kann man die «Schmerzen in allen Körperregionen» verstehen und auflösen. Unser Nervensystem ist übertrieben aktiv, wir sind übertrieben aktiv, um nicht ständig Opfer der Lebensumstände zu werden. Und was bekommen wir? Wir tragen unser Leid mit uns herum, fühlen uns müde, matt, antriebslos und sind damit leistungsschwach, wir kämpfen mit Schuldgefühlen (meistens ohne Grund), wir grübeln über uns, über die Verhältnisse, in denen wir leben, hadern mit der Vergangenheit, jammern über die Gegenwart und fürchten uns vor der Zukunft. Wir haben ein großes Bedürfnis zu schlafen, schlafen aber erst sehr spät ein, morgens fühlen wir uns nicht erfrischt, sondern müde, und erst während des Tages erreichen wir einen erträglichen Zustand. Am Abend wird es dann wieder schlimmer. Wir leiden an unserer subjektiv empfundenen Unzulänglichkeit, Freudlosigkeit, Lustlosigkeit und haben Schmerzen im ganzen Körper.

Eine 44-jährige kaufmännische Angestellte entwickelte während der Scheidung von ihrem alkoholabhängigen Ehemann, der sie 13 Jahre lang aufgrund seiner pathologischen Eifersucht auf Schritt und Tritt überwachte, zunächst Schmerzen im Lendenwirbel- sowie im Gesichtsbereich. In einer Rheumaklinik wird drei Jahre später die Diagnose Fibromyalgie gestellt. Acht Jahre nach Schmerzbeginn und nach 14 verschiedenen Ärzten sitzt sie mir gegenüber und beschreibt mir ihre ständigen Befürchtungen, «es könnte etwas passieren und ich bin allein». Biographisch berichtet sie mir von teilweise handgreiflichen Auseinandersetzungen zwischen ihren Eltern sowie häufigen Misshandlungen durch den fünf Jahre älteren, ihr körperlich überlegenen Bruder. Als sie ihrer Mutter davon berichtete, sei sie als «Lügnerin, minderbemittelt und verrückt» beschimpft worden. Sie selbst habe sich darin bestätigt gefühlt, mit niemandem darüber zu reden und «die Zähne zusammenzubeißen».

Ihr Reentry-Heilungssatz lautete: «Es kann auch sein, dass meine Mutter mich nicht liebt und ich allein bin, selbst wenn ich alles schlucke.»

Mit diesem Satz und meinen Erklärungen zu Alexithymie (Gefühlsblindheit), worunter ihre Mutter wahrscheinlich litt und damit auf belastende Ereignisse nur mit geringer emotionaler Intelligenz reagierten konnte, wurde ihr erstmalig klar, dass sie emotional «schon immer allein war».

Beispiele für typische Glaubenssätze bei Fibromyalgie:

Entry
«Ich muss meine gefühlsblinde Mutter und ihre Geldgier bestätigen, sonst bin ich eine schlechte Tochter.»
«Ich muss alles korrekt machen, dann klappt auch alles, was ich mir vorstelle.»

Für eine erfolgreiche Schmerzbefreiung ist entscheidend, das automatische Negativ-Denkschema zu beenden, das uns dazu veranlasst, Ursachen für Misserfolge grundsätzlich bei uns selber zu suchen und Erfolge auf äußere Faktoren zurückzuführen (zum Beispiel auf Zufall oder Glück).

Reentry
«Es kann auch sein, dass ich gerade dann eine schlechte (und kranke) Tochter bin, wenn ich weiterhin glaube, meine gefühlsblinde Mutter und ihre Geldgier bestätigen zu müssen.»
«Es kann auch sein, dass sich meine Vorstellungen nicht realisieren lassen und ich leide, weil ich alles korrekt machen muss.»

Muskelschwäche – Myasthenie

Bei einer Muskelschwäche tritt meist eine ungewöhnlich schnelle Muskelermüdung auf. Hintergrund ist eine chronische neurologische Erkrankung, die zur Erschlaffung der Muskeln führt. Der Mensch hat weit über 600 Muskeln, die es ihm zusammen mit den Gelenken ermöglichen, sich zu bewegen und

Kraft aufzubringen. Lässt diese Kraft nach, spricht man von Muskelschwäche.

Muskelschwäche ist ein Zeichen dafür, dass wir 24 Stunden bemüht sind, dass ein geliebter Mensch, meist die Mutter, nicht durch unser fehlerhaftes Verhalten zu Schaden kommt. Wir werden unseres Lebens nicht mehr froh, weil sich unsere Gedanken ständig um die vermeintlich bedrohliche Situation drehen und wir keinen Ausweg wissen.

Beispiele für typische Glaubenssätze bei Muskelschwäche:

Entry
«Ich muss immer präsent sein, sonst geht meine Mutter unter.»
«Ich muss alles tun, sonst habe ich versagt und der andere verlässt mich.»

Spüren Sie, wie schnell wir das Gefühl bekommen, niemals das tun zu können, was wir tun möchten? Oder unsere eigenen Wünsche nie in die Tat umsetzen können, wenn wir glauben, für den anderen da sein zu müssen? Und wie soll der andere für sich bemerken, dass etwas bei ihm selbst gehörig schiefläuft, wenn wir immer zur Stelle sind?

Reentry
«Es kann auch sein, dass meine Mutter untergeht, selbst wenn ich immer präsent bin. Es liegt nicht an mir!»
«Es kann auch sein, dass ich gerade versage und der andere mich verlässt, weil ich alles tue – und ihn damit als hilflos darstelle.»

Gicht

Gicht ist eine entzündliche Erkrankung der Gelenke, die meist in schmerzhaften, akuten Schüben auftritt, die typischerweise im großen Zeh beginnen. Biologische Ursache ist eine Ablagerung von Harnsäurekristallen in verschiedenen Gelenken, was langfristig zu Knochen- und Knorpelveränderungen, oft an Handgelenken, Fingern, Knien und manchmal auch an Ellenbogen führt.

Die seelische Ursache für die Harnsäureablagerung an Gelenken ist eine emotionale Erregung, verbunden mit endlosen Befehlen und ständigem Herumkommandieren der anderen. Wir fühlen uns permanent unter Druck, die Grenzen unseres Territoriums zu schützen. Wir müssen unbedingt vermeiden, dass wir getadelt, beurteilt und kritisiert werden. Wir sind lautstark und nehmen kein Blatt vor den Mund, sind wir doch in jedem Fall «das gute Mädchen» oder «der gute Junge». Unsere Psyche verkrampft zunehmend, ähnlich wie bei einem Muskelkrampf. Wir erstarren in Verhaltens- und Denkmustern, die wir lautstark gegenüber anderen vertreten: SO! Und nicht anders. Wir verwechseln Glauben mit Wissen, werden ungeduldig, wenn die Dinge nicht so laufen, wie wir es wollen – und versinken gleichzeitig im Schmerz eigener Unbeweglichkeit.

Beispiele für typische Glaubenssätze bei Gicht:

Entry
«Ich muss um meine Grenzen kämpfen, sonst bin ich kein guter Mensch.»

«Ich muss gewinnen, sonst bin ich noch der Verlierer.»
«Ich muss alles beherrschen und kontrollieren, sonst spricht man noch über mich.»

Um zu verhindern, dass sich keine weiteren Harnstoffkristalle an den Gelenken ablagern, müssen wir zunehmend flexibler gegenüber uns selbst und anderen werden.

Reentry
«Es kann auch sein, dass ich gerade dann ein schlechter Mensch bin, wenn ich anderen ständig einen Kampf um Grenzen aufbürde.»
«Es kann auch sein, dass ich der Verlierer bin, wenn ich ständig gewinnen muss.»
«Es besteht auch die Möglichkeit, dass man deswegen über mich spricht, weil ich alles beherrschen und kontrollieren muss.»

Arthrose

Dort, wo Knochen aufeinandertreffen, befinden sich Gelenke, die mehr oder weniger große Bewegungsfreiheit erlauben. Viele der «einfachen» Freuden im Leben – wie essen, umarmen, spazieren gehen oder am Strand spielen – blieben uns versagt, hätten wir nicht unsere beweglichen Gelenke. Die wichtigsten Gelenke in unserem Körper sind Synovialgelenke; sie produzieren die wichtige Gelenkschmiere und mindern die Reibung zwischen den Knochen. Bei Arthrose geht immer mehr des schützenden Puffers und der Gelenkschmiere verloren, bis schließlich Knochen auf Knochen reiben. Unfälle, Fehlstellungen der Gelenke oder zu starke Belastungen können dem Knorpel schaden.

Wenn wir unter Arthrose leiden, haben wir nicht nur eine Fehlstellung der Gelenke, sondern auch eine Fehlstellung beziehungsweise Fehlinterpretation in unserem System. Wir fühlen uns ungerecht behandelt und beschuldigen die anderen für alles und nichts. Wir sind emotional verhärtet, gönnen uns keine Erholung und keinen Ausgleich, powern los, ohne anzuhalten und ohne uns selbst zu hinterfragen. Wir sind kompromisslos bis zum heftigen Zusammenprall.

Wir kommen gar nicht auf die Idee, dass wir uns selbst ungerecht behandeln und ständig die Schuld geben. Wir hängen an einer Person oder einem Ereignis aus unserer Vergangenheit und können dadurch die Personen und Situationen in unserem jetzigen Umfeld nicht richtig sehen. Wir glauben, nicht geliebt zu werden, und sind unnachgiebig und starr gegenüber uns selbst.

Beispiele für typische Glaubenssätze bei Arthrose:

Entry
«Ich muss Schuld kompromisslos zurückweisen, sonst bin ich noch der Übeltäter.»
«Ich muss hart sein, sonst gehen wir alle unter.»
«Ich muss meine Gefühle verdrängen, sonst ist es nicht zu ertragen.»

Gelenkprobleme bedeuten also, dass wir glauben, uns in der Gemeinschaft nicht so bewegen zu dürfen, wie wir gerne möchten. Wir schränken unsere Bewegungen zu unserem eigenen Schaden ein. Und Arthrose signalisiert, dass wir das mit Härte oder strenger Disziplin machen.

Reentry
«Es kann auch sein, dass ich wirklich der Übeltäter bin, wenn ich Schuld kompromisslos zurückweise.»
«Es kann auch sein, dass wir alle untergehen, selbst wenn ich hart bin.»
«Es besteht auch die Möglichkeit, dass mein Leben unerträglich und kaum auszuhalten ist, selbst wenn ich meine Gefühle verdränge.»

Arthritis

Ein fehlgesteuertes Immunsystem greift die Schleimhaut der Gelenke an und führt dort zu einer chronischen Entzündung. Ohne Behandlung zerstört die Entzündung Knorpel, Knochen und Gelenke, die sich verformen und schließlich ihre Funktion ganz verlieren. Emotionaler Stress ist in vielen Fällen Auslöser für die Schwere eines Leidens. Wir erleiden einen Unfall oder erleben den Tod eines uns nahestehenden Menschen und fühlen uns dadurch in unserer Existenz bedroht. Stress dient dazu, das Abwehrsystem hochzufahren und Entzündungsstoffe auszuschütten. Unser Immunsystem ist wie eine Waffe, die sich gegen unerwünschte Eindringlinge, aber auch jederzeit gegen uns selbst richten kann. Das Stresshormon Cortisol ist dabei eine Kontrollinstanz und dient dazu, das Abwehrsystem an einer Überreaktion zu hindern. Wenn dieses Hormon nicht mehr ausreichend ausgeschüttet wird, weil wir seit Jahren in einer emotionalen Dauerbelastung feststecken, können die Entzündungen im Gelenk, wie im Fall der Arthritis, überhandnehmen.

Der Satz «Um des lieben Friedens willen» dominiert unsere Gedanken und Gefühle. Wir machen gute Miene zum bösen Spiel und unterdrücken unsere Emotionen wie Wut, Rachsucht und Schmerz. Wir leiden lieber, als den andern angemessen in die Schranken zu weisen. Wir werden starrsinnig und deformieren dabei unsere Persönlichkeit – und unsere Gelenke. Wir sind über die Enge in der Familie im höchsten Maße entzündet, und gleichzeitig glauben wir, uns nicht dagegen auflehnen zu dürfen. Arthritis ist das Ergebnis einer selbstverleugnenden Anpassung.

Beispiele für typische Glaubenssätze bei Arthritis:

Entry
«Ich muss mich anpassen, sonst gehe ich unter.»
«Ich kann meine Eltern nicht lieben und gleichzeitig kritisieren.»
«Ich muss meine Wut herunterschlucken, sonst herrscht Krieg in meiner Familie.»

So ist bei der Heilung von Arthritis unsere Aufgabe, uns selbst zu finden und im Einklang mit uns zu leben, statt uns für andere aufzugeben.

Reentry
«Es kann auch sein, dass ich untergehe, weil ich mich angepasst habe.»

«Es kann auch sein, dass Krieg in meiner Familie herrscht, selbst wenn ich meine Wut herunterschlucke.»
«Es gibt auch die Möglichkeit, meine Eltern grundsätzlich zu lieben und für einzelne, schlechte Handlungen zu kritisieren.»

Magen

Am Ende der Speiseröhre hängt ein Muskelsack – der Magen. Hauptaufgabe des Magens ist die Zersetzung der aufgenommenen Speisen. Dabei helfen fünf Millionen Drüsen in der Magenwand, die täglich bis zu drei Liter Magensäure herstellen. Das Ergebnis der Arbeit des Magens ist ein Speisebrei, den wir nur zu sehen bekommen, wenn wir uns übergeben. Kein anderes Organ antwortet so schnell und so nachhaltig auf unsere Gemütsverfassung wie der Magen.

Sodbrennen

Bei diesem Leiden fließt Mageninhalt in die Speiseröhre zurück, und die darin enthaltene Magensäure reizt die Speiseröhrenschleimhaut. Der Grund für den Rückfluss ist ein Versagen des Schließmuskels am Mageneingang. Langfristig besteht dabei die Gefahr, dass die betroffenen Zellen der Speiseröhre entarten und krank werden.

Sodbrennen entsteht also, wenn der Schließmuskel der Speiseröhre und unser Gemüt schlapp machen. Wir glauben, dem Druck der anderen standhalten zu müssen, können es aber nicht wirklich. Wir wollen nicht riskieren, eine Beziehung zu gefährden und mühen uns mit der Erfüllung der Ansprüche anderer ab. Wir fühlen uns überfordert, doch das darf niemand merken. Unsere eigenen Ansprüche und Bedürfnisse haben wir längst aufgegeben.

Beispiele für typische Glaubenssätze bei Sodbrennen:

Entry
«Ich muss mich anstrengen, sonst verliere ich die Achtung anderer.»
«Ich muss mich zurückhalten, sonst bin ich allein.»
«Ich muss die Ansprüche der anderen an mich erfüllen, sonst bin ich allein.»

Sodbrennen ist also ein Hinweis darauf, dass wir uns selbst gegenüber mehr öffnen und aufmerksam für die eigenen Ansprüche und Bedürfnisse werden müssen, selbst wenn wir uns dann anders als bisher verhalten.

Reentry
«Es kann auch sein, dass ich die Achtung der anderen verliere, selbst wenn ich mich anstrenge.»
«Es kann auch sein, dass ich allein bin, weil ich mich zurückhalte.»
«Es gibt auch die Möglichkeit, dass ich allein bin, gerade weil ich die Ansprüche anderer an mich erfülle und damit meine eigene Persönlichkeit verloren habe.»

Gastritis

Die Gastritis ist eine akute oder chronische Entzündung der Magenschleimhaut, die durch übermäßigen Alkoholgenuss, eine Lebensmittelvergiftung, das Bakterium Helicobacter pylori oder die Einnahme von Schmerzmedikamenten verursacht werden kann.

Doch vielfach kann eben auch emotionaler Stress der Auslöser für Entzündungen in unserem Körper, besonders an den Schleimhäuten, sein.

Wie schon erwähnt, ist das Stresshormon Cortisol dabei eine Kontrollinstanz und dient dazu, das Abwehrsystem an einer Überreaktion zu hindern. Wenn dieses Hormon nicht mehr ausreichend ausgeschüttet wird, weil wir in einer emotionalen Belastung feststecken, können die Entzündungen in der Magenschleimhaut die Oberhand gewinnen.

Entzündung bedeutet auch Gereiztheit und Wut über etwas oder jemanden, das oder den wir nicht verdauen können. Wir haben das Gefühl, in einer Situation betrogen worden oder in eine Falle gegangen zu sein – und das kann uns auf den Magen schlagen.

Oder wir werden das Gefühl nicht los, der andere «schleicht wie die Katze um den heißen Brei herum», sagt aber nicht klar, was er von uns will oder wie seine Vorstellung von Zusammenleben ist. Damit wird für uns die Partnerschaft unberechenbarer, und das macht uns wütend. Gleichzeitig haben wir Angst, im Umgang mit einem Menschen, den wir lieben, etwas falsch zu machen. Wir lauern ständig wie ein Wachhund auf Gefahren.

Beispiele für typische Glaubenssätze bei Gastritis:

Entry
«Ich muss mich zurückhalten, sonst werde ich betrogen.»
«Ich darf meine Wut nicht zeigen, sonst bin ich noch der Idiot.»
«Ich muss still sein, sonst mache ich es falsch.»

Gastritis weist uns also darauf hin, auch mit der negativen Seite eines Menschen umgehen zu lernen. Andernfalls müssen wir einsehen, dass eine Trennung unumgänglich ist, damit wir nicht körperlich völlig untergehen.

Reentry
«Es kann auch sein, dass ich betrogen werde, gerade weil ich mich ständig zurückhalte.»
«Es kann auch sein, dass ich für andere plötzlich der Idiot bin, weil ich meine Wut nicht zeige.»
«Es gibt auch die Möglichkeit, dass ich es falsch mache, weil ich still bin.»

Reizmagen

Unter diesem Begriff versteht man chronische Oberbauchbeschwerden, die sehr häufig vorkommen und bei denen Mediziner oftmals keine organische Ursache finden können.

Die Hauptaufgabe unseres Magens ist die Zersetzung der aufgenommenen Speisen. Dabei ist manches eben schwerverdaulich, anderes nicht. Selbst wenn die Beschaffenheit des Magens bei allen Menschen im Wesentlichen gleich ist, ist die Verdauung von Mensch zu Mensch unterschiedlich. Unser Magen spiegelt die Art und Weise wider, wie wir unsere Wirklichkeit aufnehmen und verarbeiten.

Wir sind sensibel und besonders empfänglich für Stimmungsschwankungen anderer und machen uns Sorgen. Doch in einer Gesellschaft, die sich durch Leistung und Wettbewerb definiert, gilt eine hohe Empfindsamkeit häufig als Schwäche, und wir verdrängen unsere Sensibilität – das kostet Kraft. Wir machen uns über alles und jeden ununterbrochen Gedanken. Ängste dominieren uns mehr und mehr, was uns auf den Magen schlägt.

Martin D., 42 Jahre, Vertriebsleiter eines inhabergeführten Maschinenbauunternehmens, arbeitete 50 bis 60 Stunden in der Woche und war 80 Tage im Jahr geschäftlich unterwegs. Seit fünf Jahren litt er fast ständig an Oberbauchbeschwerden, die sich wie starker Hunger anfühlen. Martin D. hatte häufig weichen Stuhlgang, und die Blähungen beeinträchtigten das Zusammensein mit anderen. Er war oft durstig, sein Mund fühlte sich trocken an und er litt an Durchschlafstörungen. Seine Stimmung war gereizt, er fühlte sich unzufrieden und phasenweise extrem angespannt. Tabletten halfen nicht. Die Blutwerte ergaben keine weiteren Anhaltspunkte, Magen- und Darmspiegelung blieben ohne Befund.

Als er im Gesundheitstraining saß, war er überrascht zu erfahren, dass seine Energie aufgrund einer inneren Anspannung, nämlich der Angst zu versagen und Leistung bringen zu müssen, nicht harmonisch durch den Körper fließt und dadurch auch die Verdauung nicht ungestört ablaufen kann.

Sein Reentry-Heilungssatz lautete: «Es kann auch sein, dass ich versage, weil ich glaube alles selbst machen zu müssen.»

Beispiele für typische Glaubenssätze bei Reizmagen:

Entry
«Ich darf mich nicht äußern, sonst werde ich noch verrückt.»
«Ich muss still sein, sonst mache ich es falsch.»
«Wenn ich was mache, dann mache ich es doch falsch.»

Reizmagen ist also ein Hinweis darauf, dass wir ein mangelndes Selbstbewusstsein haben. Viele Ängste spielen sich in unserem Kopf ab und verunsichern uns im zunehmenden Maße.

Wir wissen nicht mehr, wie wir uns geben sollen. Die Schmerzen entstehen nicht wirklich in unserem Magen, sondern in unserem Kopf, in unseren Gedanken und Gefühlen. Deswegen müssen wir die falschen Glaubenssätze und Überzeugungen löschen.

Reentry
«Es kann auch sein, dass ich verrückt werde, wenn ich mich nicht äußere.»
«Es kann auch sein, dass ich es falsch mache, weil ich still bin.»
«Es gibt auch die Möglichkeit, dass ich es falsch mache, wenn ich eben nichts mache.»

Magengeschwür

Ein Magengeschwür ist ein Substanzverlust bzw. ein Ungleichgewicht zwischen den Faktoren, die die Magenschleimhaut schützen, und jenen, welche die Schleimhaut schädigen. In der medizinischen Forschung ist das Bakterium Helicobacter pylori als hauptsächliche Ursache für Magengeschwüre entdeckt und identifiziert worden.

Ein Magengeschwür macht uns bewusst, dass wir in einem Ungleichgewicht von Selbstbestimmung und Fremdbestimmung leben. Wir glauben, etwas aufnehmen zu müssen, was wir gar nicht wollen – und nehmen wiederum nicht das auf, was wir wollen.

Wir leben in großer Unsicherheit, haben heftigste Gefühle gegen uns, sind im Konflikt mit uns selbst. Ein Magengeschwür signalisiert, dass wir etwas von den anderen «gefressen» haben, aufgenommen haben, was uns gefühlsmäßig wirklich widerstrebt. Unser Körper ist «angefressen» von Aggressionen gegen uns selbst, weil wir etwas gegen unseren Willen getan haben und unseren eigentlichen Bedürfnissen nicht folgen konnten.

Beispiele für typische Glaubenssätze bei Magengeschwür:

Entry
«Ich muss mit dem einverstanden sein, was der andere bestimmt, sonst bin ich irgendwann allein.»
«Wenn ich mache, was die anderen vorgeben, dann bin ich anerkannt.»

Magengeschwüre sind ein Hinweis auf unser mangelndes Selbstbewusstsein – und den daraus resultierenden Selbstvorwurf. Wir wissen nicht mehr, was wir noch tun können, wie wir uns noch verhalten sollen.

Reentry
«Es kann auch sein, dass ich irgendwann wirklich allein bin, weil ich mit allem einverstanden war, was der andere bestimmt hat.»
«Es kann auch sein, dass ich gerade keine Anerkennung erfahre, weil ich immer mache, was die anderen mir vorgeben.»

Magenkrebs

Die bösartige Tumorerkrankung des Magens ist die zweithäufigste krebsbedingte Todesursache weltweit. Männer erkranken daran etwa doppelt so häufig wie Frauen.

Es bilden sich anormale Krebszellen, die sich unbemerkt ausbreiten, weil das Immunsystem nicht auf diese Zellart reagiert – so wie wir nicht auf unsere Gefühle und Gedanken gegenüber unserem Partner reagieren.

Obwohl Krebs nicht zu den schulmedizinisch anerkannten psychosozialen Krankheiten gehört, gibt es viele empirische Befunde, die psychische Konflikte als Auslöser dieser Krankheit ansehen. Krebs steht im Wesentlichen im Zusammenhang mit einem tiefen verdrängten Groll, der seit anderthalb bis zwei Jahren besteht, weil wir in dieser Zeit nicht gewagt haben, ihn gegenüber der Person, die uns verletzt hat, auszudrücken. Wir beklagen uns nur innerlich, unser eigenes Leben nicht mehr nach unseren Wünschen gestalten zu können.

Krebs ist Ausdruck einer emotionalen Zerrissenheit zwischen Wut und Rachsucht einer uns nahestehenden Person gegenüber und einer äußeren Angepasstheit, einem klaglosen Zusammenleben mit diesem Menschen. Doch im Grunde ist uns alles eine Last – und die Zukunft eine Bürde. In uns ist Groll gegenüber einer Person oder einer Situation, die uns «innerlich zermürbt». Dabei sind wir unseren eigenen Bedürfnissen nach Ruhe, nach mitmenschlicher Verbundenheit, nach sexueller Erfüllung und vielem mehr entfremdet. Und weil wir uns selber fremd geworden sind, treiben wir mit zu wenig Schlaf, übermäßiger Arbeitsbelastung, Süchten wie Alkohol, Rauchen oder Tabletten Raubbau an unserer Gesundheit. Warnsignale und Verdachtsdiagnosen schlagen wir in den Wind, Krankheitssymptome verharmlosen wir.

Beispiele für typische Glaubenssätze bei Magenkrebs:

Entry
«Ich muss die Beschämung durch meinen Partner schlucken, sonst leiden unsere Kinder.»
«Wenn ich meinem Ärger Luft mache, dann verliere ich meinen Job.»
«Ich muss meine Wut runterschlucken, sonst komme ich in Existenznot.»

Wenn wir uns nur an einen einzigen Menschen enger binden, treffen uns Kränkungen und Enttäuschungen dieser Person umso härter. Es fällt uns schwer, andere Menschen zu finden, die unsere Bedürfnisse befriedigen könnten – obwohl oder gerade weil wir zu allen Menschen nett sein möchten. Wir sind harmonisierend, vernünftig, verhalten uns mustergültig, mucken nicht auf oder opfern uns für andere, insbesondere für unsere Familienangehörigen, die wir gleichzeitig idealisieren.

Wir ignorieren oder bagatellisieren sogar unseren Zustand nach der Diagnose aus Angst vor dem Verlust unserer gewohnten Ordnung oder unserer vorhandenen Bindungen. Wir wollen das tun, was wir immer schon getan haben, gehen zur Tagesordnung über und entfremden uns endgültig von einem Leben in Beziehungen.

Reentry
«Es kann auch sein, dass unsere Kinder leiden, selbst wenn ich alle Beschämungen schlucke.»
«Es kann sein, dass ich meinen Job verliere, auch wenn ich meinen Ärger gar nicht zeige.»
«Es kann auch sein, dass ich in Existenznot gerate, wenn ich meine Wut runterschlucke.»

Einmal mehr geht es in diesem Krankheitsbild darum, die im Krankheitsgeschehen deutlich werdende Entfremdung von uns selbst aufzulösen.

Darm

Das neuronale Netzwerk im Bauch reagiert sensibel auf die Ereignisse des Alltags. Grundgefühle wie Unruhe, Traurigkeit oder Angst spiegeln sich in Darmentzündungen, Durchfall oder Verstopfung wider.

Morbus Crohn

Diese chronisch entzündliche Erkrankung befällt vor allem den Dünndarm, der direkt an den Magenpförtner anschließt. Hierhin schicken Bauchspeicheldrüse und Gallenblase ihre Säfte. Der Dünndarm leistet die Hauptarbeit der Verdauung. In ihm werden 80 Prozent der Nährstoffe aus der Nahrung aufgespalten und in den Kreislauf geschickt.

Morbus Crohn liegt eine emotionale Entzündung zugrunde. Wir sind davon überzeugt, dass wir in unseren Lebensbewegungen von der Gemeinschaft eingeschränkt werden, und übersehen dabei, dass wir uns selbst darauf eingelassen haben. So wollen wir zum Beispiel unsere Kinder daran hindern, selbständig zu werden, obwohl das der natürliche Lauf der Welt ist. Wir haben Angst davor, dass die Kinder ausziehen, und gleichzeitig sind wir wütend über unser Verhalten ihnen gegenüber. Wir haben immer weniger Achtung vor uns selbst und unseren eigenen Handlungen, und doch ändern wir unser Verhalten nicht. Wir zwingen den Partner zur Heirat, obwohl wir genau spüren, dass er uns nicht liebt. Später sind wir emotional hoch entzündet, wenn er fremdgeht, und beschuldigen ihn, uns nicht zu lieben.

Wir fühlen uns abgewertet und haben beschlossen, dass wir uns von niemand mehr fertigmachen lassen.

Beispiele für typische Glaubenssätze bei Morbus Crohn:

Entry
«Ich muss gewinnen, sonst habe ich in meiner Partnerschaft versagt.»
«Ich muss es tun, sonst bin ich ein Niemand.»

Morbus Crohn wird von der Schulmedizin als Autoimmunerkrankung der Darmschleimhaut klassifiziert. Wir sollten es als ein autoaggressives Verhalten verstehen.

Reentry
«Es kann auch sein, dass ich in meiner Partnerschaft versagt habe, weil ich immer gewinnen musste.»
«Es kann sein, dass ich eben ein Niemand bin, weil ich alles tue.»

Gerade in diesem Krankheitsbild geht es darum, unsere Entfremdung zu uns selbst aufzulösen.

Darmkrebs

Die Anzahl der Darmkrebserkrankungen hat in den letzten 20 Jahren deutlich zugenommen und gehört mit knapp 72 000 Neuerkrankungen zu den häufigsten Krebserkrankungen in Deutschland. Neben den bekannten Risikofaktoren einer Fehlernährung mit übermäßig fett- und fleischreicher Kost und einem Mangel an Ballaststoffen sowie verschiedener Umwelteinflüsse sollten wir unbedingt auch die Gefühle, die Überzeugungen und die damit eng verbundenen Lebensumstände berücksichtigen, wenn nicht sogar in den Mittelpunkt stellen.

Der Dickdarm ist ein Hohlorgan, der letzte Teil des Verdauungstraktes; er hat die Aufgabe, zu «festigen» und auszuscheiden. Festigen bedeutet das Entziehen von Wasser und Speicherung des Stuhlinhaltes bis zur Leerung.

Der Dickdarmkrebs repräsentiert demnach unsere Empfindlichkeit für unser Handeln, für unsere Entscheidungen, «mitzumachen, wo wir nicht mitmachen wollen» oder «nicht mitzumachen, wo wir mitmachen wollen». Wir verdrängen, was wir eigentlich tun wollten, fällen Entscheidungen zähneknirschend, obwohl wir sie für falsch halten. Wir haben die Situation nicht mehr im Griff, was wir uns natürlich nicht eingestehen können, und wir werden zunehmend nachtragender.

Beispiele für typische Glaubenssätze bei Darmkrebs:

Entry
«Ich muss mich dem anderen unterordnen, sonst bin ich allein.»
«Ich muss das böse Spiel mitmachen, sonst bin ich weg vom Fenster.»

Darmkrebs ist Ausdruck eines inneren Grolls gegenüber einer nahestehenden Person und einer äußeren Anpassung an diese Person.

Reentry
«Es kann auch sein, dass ich allein bin, selbst wenn ich mich unterordne.»
«Es kann sein, dass ich weg vom Fenster bin, gerade weil ich das böse Spiel mitmache.»

Colitis ulcerosa

Colitis ulcerosa ist eine entzündliche Mastdarm- und Dickdarmerkrankung. Durchfall und Verstopfung wechseln sich meist ab, und der Stuhlgang enthält Blut. Das Leiden ist chronisch; bisweilen gibt es «entzündliche Schübe» von unterschiedlicher Schwere. Ähnlich der entzündlichen Dünndarmerkrankung Morbus Crohn liegt auch Colitis ulcerosa eine emotionale Entzündung zugrunde.

Entzündungskrankheiten sind immer ein Indiz für ein fehlgesteuertes Immunsystem, das in diesem Fall die Darmschleimhaut angreift. Emotionaler Stress ist immer der Auslöser.

Wir haben einmal ein böses Spiel mitgemacht, aber davon wollen wir jetzt nichts mehr wissen. Im Gegenteil: Wir verurteilen andere für das, was sie gemacht haben – und verurteilen uns damit selbst.

Wir beschuldigen die Kollegen oder am besten gleich die Arbeitsumstände, den Partner und seine Herkunftsfamilie – und vergiften uns dabei selbst. Wir kämpfen in der Nachbarschaft gegen den Lärm auf dem Sportplatz und haben dabei längst vergessen, dass der Sportplatz bereits lange vor unserem Einzug in das neues Domizil bestanden hat. Wir gestehen uns nicht ein, dass wir es sind, die Fehler machen.

Beispiele für typische Glaubenssätze bei Colitis ulcerosa:

Entry
«Ich muss immer recht behalten, sonst habe ich einen Fehler gemacht.»
«Ich muss ein Gutmensch sein, sonst wäre ich ja ein schlechter Mensch.»

Dickdarmentzündung ist also ein tiefer Ausdruck der Furcht, Fehler gemacht zu haben – was natürlich in keinem Fall passieren darf. Unsere selbst auferlegte Spannung, die daraus entsteht, dass wir absolut fehlerlos sein müssen, greift uns selbst an.

Reentry
«Es kann auch sein, dass ich Fehler gemacht habe, selbst wenn ich glaube, im Recht zu sein.»
«Es kann sein, das ich ein schlechter Mensch bin, gerade weil ich jeden davon überzeugen muss, was für ein guter Mensch ich bin.»

Haut

Die Haut bedeckt unseren gesamten Körper und grenzt das Innere vom Äußeren ab. Gleichzeitig ist sie ein hochspezialisiertes Sinnesorgan. Sie enthält Rezeptoren für Schmerz, Druck, Kälte und Wärme; ohne diese Rezeptoren könnten wir keine Berührung empfinden. Damit ist unsere Haut die Schutzschicht, die unseren Körper umschließt und Keime abwehrt. Gleichzeitig ist sie ein Abbild unseres inneren Gemütszustands.

Ekzem

Die häufigste Hauterkrankung bilden sogenannte Ekzeme, nichtinfektiöse Entzündungsreaktionen der Haut, die im akuten Zustand oft mit starkem Juckreiz, Rötung und Bläschenbildung verbunden sind. Wird das Ekzem chronisch, können sich leicht Schwellungen der obersten Hautschicht bilden. Die Haut wird trocken und rissig. Selbstverständlich können Ekzeme durch äußerliche Einflüsse hervorgerufen werden, doch sollten diese bei Vermeidung dieser äußerlichen Einflüsse auch schnell wieder abklingen. Wenn dies nicht der Fall ist, liegen seelische Ursachen vor.

Wir haben das Gefühl, bedrückenden Bedingungen ausgesetzt zu sein, deshalb richten wir uns stark nach dem, was die anderen von uns erwarten. Wir haben Angst, verlassen zu werden, empfinden Frustration, Gereiztheit und sehr viel Kummer. Machen wir uns zum Beispiel Sorgen über unsere Finanzen, entwickeln wir Ekzeme an den Händen. Bei fehlender Durchsetzungskraft treten häufig Ekzeme an den Ellbogen auf.

Erscheinen überall am Körper Ekzeme, dann haben wir eine abrupte Trennung erfahren, zum Beispiel den plötzlichen und unerwarteten Verlust eines lieben Menschen oder eines Haustiers, und können unseren Kummer nicht wirklich bewältigen.

Beispiele für typische Glaubenssätze bei Ekzem:

Entry
«Ich darf nichts nehmen, sonst werde ich verlassen.»
«Ich muss alles erdulden, sonst werde ich bedrängt.»

Kritikempfindlichkeit zeigt sich nicht nur seelisch, sondern auch körperlich – in Form von Ekzemen auf unserer Haut. Wir nehmen die Beziehung, mit der wir uns identifizieren, übertrieben positiv wahr und blenden die problematischen Seiten aus. Wir schützen die Beziehung, auf die wir uns einmal «mit Haut und Haaren» eingelassen haben, gegen Kritik von außen – und ganz besonders vor unserer eigenen Kritik.

Reentry
«Es kann auch sein, dass ich verlassen werde, weil ich nichts annehme.»
«Es kann sein, dass ich bedrängt werde, wenn ich alles dulde.»

Warzen

Warzen sind häufig kleine, scharf begrenzte und in der Regel gutartige Geschwülste der oberen Hautschicht und sind mehrheitlich auf eine Virusinfektion zurückzuführen. Deshalb spielt der Zustand des Immunsystems eine wichtige Rolle. Abwehrgeschwächte Personen haben deshalb eine erhöhte Empfänglichkeit für Warzen.

Der psychische Grund für ein geschwächtes Immunsystem ist, dass uns von außen ein Gewinner- und Verliererspiel aufgezwungen wird. Tagtäglich erfahren wir von unseren Eltern oder Partnern Kritik. Wir bekommen Warzen auf unserer Haut, wenn wir uns von unserem Vater verurteilt fühlen oder wenn wir ihn verurteilen. Das Gleiche gilt natürlich für unsere Mutter, unsere Geschwister und Menschen, die wir lieben. Wir fühlen uns von ihnen angegriffen oder überrollt. Von der Person, der wir einmal unsere Liebe gegeben haben, fühlen wir uns entmachtet und beschmutzt.

Beispiele für typische Glaubenssätze bei Warzen:

Entry
«Ich muss meinen Bruder hassen, sonst gehe ich unter.»
«Ich muss der Autorität meiner Mutter entgegentreten, sonst organisiert sie mein ganzes Leben.»

Warzen sind ein Ausdruck eines angegriffenen Immunsystems aufgrund einer Konfliktsituation in der Familie. Und so bekommen die Papillomviren, die in Schwimmbädern, Saunen und

Sporthallen auf uns warten, erst die Gelegenheit, sich in unserer Haut einzunisten.

Reentry
«Es kann auch sein, dass gerade ich untergehe, wenn ich meinen Bruder hasse.»
«Es kann auch sein, dass meine Mutter mein ganzes Leben organisiert und bestimmt, weil ich ihrer Autorität entgegentrete und auf ihre zahllosen Anweisungen nicht reagiere.»

Gürtelrose

Die Gürtelrose (Herpes Zoster) ist eine Zweiterkrankung der Windpocken-Infektion. Sie tritt auch noch Jahre nach der Ansteckung mit dem Windpocken-Virus Varizelle Zoster auf. Dieser Virus löst zunächst Windpocken aus, die die meisten Erwachsenen bereits als Kinder durchgemacht haben. Auch wenn der Windpockenausschlag verschwunden ist, bleibt der Virus ein Leben lang im menschlichen Organismus und nistet sich in den Nervenwurzeln ein.

Unter bestimmten Umständen, zum Beispiel bei einer geschwächten Immunabwehr, erwacht der Virus aus seinem jahrelangen Tiefschlaf und wandert den Nerv entlang zur Haut. Dort entsteht der typische, gürtelförmige und stark schmerzende Hautausschlag.

So weit die medizinische Erklärung – uns interessiert natürlich, unter welchen «bestimmten Umständen» wir eine Gürtelrose bekommen. Meiner Erfahrung nach haben besonders Menschen ein hohes Risiko für Herpes Zoster, die überempfindlich auf Lebenserschütterungen reagieren. Wir fühlen uns über alle Maße hilflos gegenüber einer neuen, unvorhergesehenen Situation. Wir bekommen das Gefühl, nichts, aber auch gar nichts tun zu können – und der Virus erwacht.

Eine ältere Dame hatte seit einem halben Jahr starke Schmerzen aufgrund einer Gürtelrose.

Betroffen war die rechte Körperseite mit Ausstrahlung in den Rücken. Die Dame hatte in den letzten Monaten stark abgenommen, konnte fast nichts mehr essen, weil sie Ekel gegenüber Nahrung entwickelt hatte. Dazu kamen eine große Schwäche und Apathie gegenüber Unternehmungen.

Ihre Gemütsverfassung war nervös-erregt, verschlossen und geprägt durch einen anhaltenden Kummer über die Diagnose der unabwendbaren tödlichen Krankheit ihres Mannes. In ihrem verzweifelten und hoffnungslosen Gemütszustand weinte sie viel. Die Schmerzen der Gürtelrose waren Ausdruck dieses Kummers.

Ihr Reentry-Heilungssatz lautete: «Es kann auch sein, dass mein Mann stirbt, selbst wenn ich alles gegen die Krankheit unternehme.»

Mittlerweile sind die Schmerzen verschwunden und sie hat es verstanden, den Tod als Teil des Lebens zu integrieren und ihren Mann in seinem Sterben mitfühlend zu begleiten. Ihre Durchblutungsstörungen im Fuß, der schon fast gefühllos geworden war, haben sich ebenfalls gebessert.

Während der Gesundheitsberatung stelle ich immer wieder die Frage: «Was würde Ihre Gürtelrose sagen, wenn sie sprechen könnte?» In den meisten Fällen antworten mir meine Klienten darauf: «Ich bin die Veränderung, gegen mich hast du keine Chance.» Und alle suchen blindwütig einen Ausweg, anstatt sich der Veränderung anzupassen.

Beispiele für typische Glaubenssätze bei Gürtelrose:

Entry
«Ich muss allein bleiben, sonst sterbe ich.»
«Ich muss seelische Distanz zu anderen wahren, sonst werde ich nur enttäuscht.»
«Ich muss mich wehren, sonst gehe ich unter.»

Bekommen wir eine schmerzhafte Gürtelrose, dann stehen unvermeidliche Veränderungen an, aber wir können uns einfach nicht darauf einstellen. Wir haben eine unflexible Erwartungshaltung, die zwangsläufig immer wieder enttäuscht wird.

Reentry
«Es kann auch sein, dass ich sterbe, selbst wenn ich allein bleibe.»
«Es kann auch sein, dass ich Enttäuschungen erlebe, weil ich seelische Distanz zu anderen aufrechterhalte.»
«Es kann auch sein, dass ich untergehe, weil ich mich wehre.»

Neurodermitis

Bei der Entstehung von Neurodermitis (atopisches Ekzem) wirken psychische und äußere Faktoren zusammen und können einen Juckreiz mit nässenden Bläschen (Papeln) auslösen.

Neurodermitis zeigt, dass sich das Gleichgewicht von Fremd- und Selbstbestimmung zu unseren Ungunsten verschoben hat. Wir glauben, unser eigenständiges Verhalten in der Begegnung mit anderen reduzieren zu müssen, ohne Rücksicht auf uns selbst, damit wir weiterhin von unseren wichtigsten Bezugspersonen Rückhalt erfahren. Wir haben Angst, dass wir mit unserem Verhalten andere verletzen, die uns lieb sind, und richten uns jetzt stark nach dem, was sie von uns erwarten.

Haben wir Neurodermitis am ganzen Körper, machten wir eine plötzliche, vollständige Trennungserfahrung. Dabei kann es sich sogar um eine Trennungserfahrung während der Zeit im Mutterleib handeln; Neugeborene sind dann am ganzen Körper gerötet. Lesen Sie hierzu unbedingt auch das Kapitel «Alleingeborener Zwilling».

Nach dieser Verlusterfahrung tun wir jetzt alles, damit so etwas nicht noch einmal geschieht. Wir versuchen, allen zu gefallen, und vergessen darüber unsere eigenen Bedürfnisse, handeln entsprechend den Erwartungen der anderen, anstatt zu tun, was für uns stimmt. Wir bewerten die anderen höher als uns selbst, und diese Einschätzung bestätigt die Haut mit ihrem schlechten Zustand dann auch noch. Wir schotten uns noch mehr ab, obwohl wir nichts sehnlicher wünschen als den Kontakt mit anderen.

«Nach einer Trennung von meinem damaligen Lebenspartner begann der Teufelskreis von neuem – und es hat lange gedauert, bis ich es realisierte. Das Trennungserlebnis und der Beginn der Hautverschlechterung lagen auch zwei bis drei Monate auseinander.» So erzählte mir Martina, 32 Jahre alt. Sie hatte Neurodermitis auf ihren Unterarmen und kannte das bereits aus ihrer Kindheit. Was sie nicht wusste: Jeder Mensch kann an einer Neurodermitis erkranken. Es unterliegt nicht dem Willen und Einfluss des Menschen, wenn er in einer Trennungssituation unkontrollierbaren Stress empfindet. Der Betroffene merkt zwar, dass er unter Spannung gerät, weil er sein Problem nicht selbst lösen kann. Dass dieser Stress aber zu einer Krankheit führt, das erkennt er nicht. Denn die Neurodermitis tritt erst sichtbar auf, wenn der Stress vorüber ist. Der erhöhte Stresshormonspiegel verdeckt die Symptome, und die Situation für den Betroffenen ändert sich schlagartig, wenn die Anspannung nachlässt. Martina spürte, dass sie nicht ehrlich zu sich selbst war, nicht zu sich stand und im Zusammenleben mit anderen regelmäßig ihre Selbstbestimmung, Unabhängigkeit und Entscheidungsfreiheit aufgab.

Ihr Reentry-Heilungssatz lautete: «Es kann auch sein, dass ich die Willkür des Lebens erfahre, weil ich nicht für mich einstehe und mich nicht egoistisch verhalte.»

Ihre Mutter hatte sie dazu erzogen, nicht egoistisch zu sein.

Beispiele für typische Glaubenssätze bei Neurodermitis:

Entry
«Ich muss lieb sein, sonst werde ich verlassen.»
«Ich muss Rücksicht auf andere nehmen, sonst bin ich allein.»
«Ich muss mit anderen zusammen sein, sonst sterbe ich.»

Neurodermitis ist ein tiefer Ausdruck der Furcht, die Liebe und den Rückhalt von nahestehenden Personen zu verlieren – was natürlich in keinem Fall passieren darf. Unsere Überbewertung der anderen schadet uns selbst.

Reentry
«Es kann auch sein, dass ich verlassen werde, selbst wenn ich lieb bin.»
«Es kann sein, dass ich allein bin, selbst wenn ich ständig Rücksicht auf andere nehme.»
«Es kann auch sein, das ich sterbe, selbst wenn ich mit anderen zusammen bin.»

Akne

Akne entsteht durch eine vermehrte Talg- und Hornbildung der Haut und tritt in unterschiedlichen Erscheinungsbildern und Formen auf. Sie gilt als die häufigste Hauterkrankung und wird durch hormonelle, aber auch durch äußere Faktoren wie Ernährung beeinflusst. Besonders betroffen sind Jugendliche und junge Erwachsene.

Wir haben als junge Menschen ein unbändiges Bedürfnis, uns «mit Haut und Haaren» auf das Leben einzulassen – doch damit ist auch das Risiko der Ablehnung bzw. des Scheiterns verbunden. (Übrigens: Die fünf Millionen Haarfollikel sind embryonal als Erstes angelegt, lange bevor unser Herz anfängt, seine Arbeit aufzunehmen.)

Um dieses Risiko der Ablehnung zu umgehen, machen wir Kompromisse und gestehen anderen ein Verhalten zu, das wir selbst ablehnen. Was uns mit vermehrter Talgbildung im wahrsten Sinne des Wortes ins Gesicht gezeichnet steht, sind die Kompromisse, die wir mit unserer Welt eingegangen sind. Weitere Folgen sind rissige Ausschläge an Händen und Füßen, Psoriasis der Hände. Innerlich kochen wir, äußern aber keinen Widerspruch. Nichts selbständig zu tun bedeutet, nicht zu existieren.

Beispiele für typische Glaubenssätze bei Akne:

Entry
«Ich muss lieb sein, sonst werde ich abgelehnt.»
«Ich muss anderen zustimmen, sonst werde ich ausgestoßen.»

Akne ist damit ein tiefer Ausdruck der Furcht, abgelehnt zu werden. Unsere bedingungslose Kompromissbereitschaft verunstaltet unsere Haut.

Reentry
«Es kann auch sein, dass ich bereits abgelehnt wurde, egal wie lieb ich heute bin.»
«Es kann sein, dass ich ausgestoßen werde, selbst wenn ich allem zustimme.»

Schuppenflechte – Psoriasis

Schuppenflechte ist eine chronische, entzündliche, nicht ansteckende Hauterkrankung, die in Schüben verläuft. Die Zellteilung der Haut ist stark erhöht, dadurch kommt es zu einer verstärkten Verhornung mit den typischen silbrig glänzenden Schuppen, die sich beim Kratzen ablösen. Darunter erscheinen dann rote Flecken.

Selbst in der Schulmedizin wird als Auslöser für Schuppenflechte in der Regel emotionaler Stress genannt, da konkrete physische Ursachen bisher nicht bekannt sind.

In uns wütet ein emotionaler Energietornado, der zum Aufplatzen der Oberhaut führt. Wir haben einen Menschen um uns, der mit seiner liebenswürdigen Art tiefer in unser Leben eindringt, als uns recht ist. Aber wir trauen uns nicht, ihm und seiner keine Grenzen kennenden Art Schranken zu setzen. Wir weisen uns lieber selbst in die Schranken und überfordern uns mit hohen Leistungsansprüchen.

Beispiele für typische Glaubenssätze bei Schuppenflechte:

Entry
«Ich muss lieb sein, sonst ist der andere traurig.»
«Ich darf mich der Ansprüche des anderen nicht erwehren, sonst verliere ich seine Zuneigung.»

Schuppenflechte ist damit ein tiefer Ausdruck der Furcht, dem anderen etwas anzutun – was wir unter allen Umständen vermeiden wollen. Unsere grenzenlose Offenheit für den anderen führt zu einer verstärkten Zellteilung und Schuppenflechte.

Reentry

«Es kann auch sein, dass der andere traurig ist, selbst wenn ich lieb bin.»

«Es kann sein, dass ich die Zuneigung des anderen verliere, selbst wenn ich mich gegen seine Ansprüche nicht zur Wehr setze.»

Hautkrebs

Unter Hautkrebs versteht man bösartige Veränderungen der Haut. Mit 100 000 erkrankten Menschen pro Jahr ist das die häufigste Krebsart. Es gibt verschiedene Formen des Hautkrebses: das Basaliom, das Spinaliom und das Maligne Melanom. Die Heilungschancen sind gut, wenn die Behandlung im Frühstadium erfolgt. Das Maligne Melanom (Schwarzer Hautkrebs) entwickelt sich oft aus zunächst harmlosen Pigmentmalen und ist äußerst bösartig, da sich bereits nach kurzer Zeit Metastasen bilden, die sich rasch über die Lymph- und Blutbahnen im ganzen Körper ausbreiten.

Hautkrebs manifestiert sich oft als Folge einer emotionalen Zerrissenheit zwischen Gefühlen der Abwertung, Beschmutzung und dem Groll gegenüber einer nahestehenden Person. Nach außen passen wir uns an und tolerieren aus Existenzangst das verletzende Verhalten des anderen. Diese Gefühle stehen in Zusammenhang mit einem zwischenmenschlichen Erlebnis, bei dem wir uns beschmutzt fühlten. Es ist, als ob sich unsere Haut an einen unangenehmen körperlichen Kontakt erinnerte.

Beispiele für typische Glaubenssätze bei Hautkrebs:

Entry
«Ich muss die Handlungen des anderen tolerieren, sonst bin ich ganz allein.»
«Wenn ich das Unrecht des anderen ausblende, dann muss ich nicht neu anfangen.»

Hautkrebs ist damit ein tiefer Ausdruck der Furcht, allein etwas Neues beginnen zu müssen. Wir opfern uns lieber auf dem Altar partnerschaftlicher Egoismen, als wieder von vorn anzufangen.

Reentry
«Es kann auch sein, dass ich ganz allein bin, selbst wenn ich die Handlungen des anderen toleriere.»
«Es kann sein, dass ich ganz neu anfangen muss, weil ich das Unrecht immer wieder ausgeblendet habe.»

Lunge

Auf Wasser und Nahrung können wir eine Weile verzichten, doch nicht auf Luft – es atmet nicht nur die Lunge, nicht nur das Zwerchfell, es atmet der Mensch.

So übermächtig unser Verlangen nach Luft ist, so übermächtig ist auch unser Verlangen nach Anerkennung.

Asthma bronchiale

Bei dieser entzündlichen Erkrankung der Atemwege reagieren die Bronchien empfindlicher auf Reize und verengen sich. Die Muskulatur in den feinen Atemwegen verkrampft, die Schleimhaut schwillt an und sondert mehr Schleim ab.

Entzündungskrankheiten sind immer ein Indiz für ein fehlgesteuertes Immunsystem, das in diesem Fall die Schleimhaut der Atemwege angreift. Emotionaler Stress ist der Auslöser.

Wir haben einmal einem anderen böse mitgespielt, aber davon wollen wir nichts mehr wissen. Im Gegenteil, wir verurteilen andere, die so etwas tun – und verurteilen uns damit selbst. Uns fällt es leicht, einzuatmen, aber beim Ausatmen geraten wir in

Panik. Wir spüren Angst und fürchten uns vor unseren eigenen Kräften. Wir haben überzogene moralische Vorstellungen und fühlen uns gleichzeitig nicht in der Lage, sie zu erfüllen. Wir fühlen uns eingesperrt und an der Kehle gepackt, ersticken an unseren eigenen hohen Erwartungen, die wir selbst nicht erfüllt haben. Wir gestehen uns nicht ein, dass wir es sind, die unkorrekt und ungerecht gehandelt haben.

Beispiele für typische Glaubenssätze bei Asthma bronchiale:

Entry
«Ich muss hart durchgreifen, sonst habe ich verloren.»
«Ich bestehe auf klarer Ordnung, sonst fühle ich mich unsicher.»
«Ich muss mich als unfehlbar präsentieren, sonst werde ich angegriffen.»

Asthma ist damit ein tiefer Ausdruck der Furcht, Verantwortung zu übernehmen. Stattdessen fühlen wir uns von der Macht, die wir anderen geben, erstickt, was aber immer noch besser scheint, als selbst zu handeln.

Reentry
«Es kann auch sein, dass ich verliere, selbst wenn ich hart durchgreife.»
«Es kann sein, dass ich mich unsicher fühle, weil ich auf einer klaren Ordnung bestehe, die ich selbst nicht leben kann.»
«Es kann auch sein, dass ich gerade deswegen angegriffen werde, weil ich mich als unfehlbar präsentiere.»

Allergie

Eine Pollenallergie oder Heuschnupfen wird von der Schulmedizin als eine fehlgesteuerte Immunreaktion des Körpers gegenüber bestimmten Baum- und Blütenpollen bezeichnet, die über die eingeatmete Luft in den Körper gelangen und die Nasenschleimhaut reizen. Häufig tritt zusätzlich eine allergische Bindehautentzündung auf. Viele Pollenallergiker entwickeln eine Kreuzallergie mit Nahrungsmitteln, deren Strukturen wenigstens in einem Merkmal denen der Pollen ähneln, zum Beispiel Gras- und Getreidepollen mit Hülsenfrüchten (Erdnüssen) oder Birkenpollen mit Äpfeln, Steinobst, Haselnüssen. Die Symptome sind Juckreiz der Nase, Niesattacken, verstopfte Nase mit Fließschnupfen und bei Beteiligung der Bindehaut auch tränende, gerötete Augen.

Das Wort Allergie entstammt der griechischen Sprache und heißt übersetzt Fremdreaktion. Allergene sind demnach Stoffe, die Fremdreaktionen auslösen. Eine Allergie ist also eine untypische, fremde Reaktion auf Stoffe, die an sich nicht giftig sind. Die meisten Allergene – wie Pollen – sind Eiweißsubstanzen, die für unseren Körper generell harmlos sind.

Unsere allergische Reaktion ist also Ausdruck eines Widerstandes gegen das Allergen und nicht eine Aktion des Allergens selbst. Eine Allergie ist demnach keine Reaktion auf einen Feind.

Der Allergie liegt ein emotionaler Widerstand gegen eine Person in unserem Leben zugrunde. Wir setzen uns innerlich gegen diese Person zur Wehr, tun das aber nicht im äußeren Zusammenleben. Wir leben mit einer Person zusammen und haben uns gleichzeitig innerlich von dieser Person getrennt. Unterdrückte Reaktionen und eine emotionale Stimmungslage, die der betreffenden Person gegenüber nicht aktiv und adäquat geäußert werden, führen zu überschießenden Reaktionen der Zellmembran der Schleimhautzellen. Dies verursacht eine überhöhte Reizung der Zelle mit der Folge der Zellvergrößerung (Schwellung) und verstärkten Schleimbildung.

Der Hintergrund ist unsere eigene überhöhte Erwartungshaltung gegenüber der Person, die wir lieben. Doch überzogene Erwartungen bergen immer die Gefahr, früher oder später enttäuscht zu werden. Wenn die Person uns enttäuscht hat, bleiben wir bei ihr, weil wir Angst haben, dass sie bei einer möglichen Trennung leidet. Heuschnupfen ist also Ausdruck enttäuschter Erwartungen.

Bernd, 24 Jahre alt, kam zu einem Gesundheitstraining mit dem Ziel, seinen Heuschnupfen loszuwerden. Er wollte nicht länger mit Hilfe von Medikamenten seine Symptome lindern, sondern sein Leiden heilen. Er hatte bereits in meinen Büchern gelesen, dass Heuschnupfen eine Fehlinterpretation, ein Fehler in der Beziehung zu unseren sozialen Bezugspartnern sein kann, aber er fand die betreffende Person nicht.

Ich ließ ihn als Hilfe einen imaginären gläsernen Schutzwall gegen die Pollen ziehen und stellte ihm die Frage: «Was würde Ihr Heuschnupfen sagen, wenn er sprechen könnte?» Er antwortete spontan und war im selben Augenblick total überrascht über seine Antwort: «Ich bin eine Kopie deiner Mutter, ich werde immer bei dir bleiben.»

Jetzt wusste er, mit welcher Person er zu seinem eigenen Schaden «grenzenlos» verbunden war, und sein Reentry-Heilungssatz lautete: «Es kann auch sein, dass meine Mutter bei Papa komplett untergeht, selbst wenn ich immer bei ihr bin.»

Beispiele für typische Glaubenssätze bei Allergien:

Entry
«Ich muss es besser machen, sonst scheitere ich wie meine Mutter.»
«Ich darf mich gegenüber meinem Partner nicht zur Wehr setzen, sonst trennt er sich von mir.»
«Es darf einfach nicht geschehen, dass mich meine Mutter anschreit.»

Das erste Auftreten von Heuschnupfen ist mit einem emotional einschneidenden Erlebnis und der damit einhergehenden Enttäuschung durch eine geliebte Bezugsperson verbunden. Jetzt erwarten wir, dass das nicht noch einmal geschieht – und werden wieder und wieder enttäuscht.

Reentry
«Es kann auch sein, dass ich genauso scheitere wie meine Mutter, selbst wenn ich es besser gemacht habe.»
«Es kann auch sein, dass sich mein Partner von mir trennt, selbst wenn ich mich nicht zur Wehr setze.»
«Es kann auch möglich sein, dass mich meine Mutter weiterhin anschreit, selbst wenn es nicht geschehen darf. Es hat nichts mit mir zu tun.»

Für Schulmediziner ist die Allergie eine Fehlfunktion des Stoffwechsels, und so geben sie uns eine Vielzahl von Medikamenten und guten Ratschlägen, was man gegen die Allergien tun kann. Pollenallergiker sollten im Frühjahr nur abends oder nach längerem Regen spazieren gehen, wenn die Luft pollenarm ist. In der Wohnung feucht Staub wischen, auf Teppiche und Vorhänge verzichten, Polstermöbel durch Ledermöbel ersetzen. Für Hausstaub-Allergiker gibt es Matratzen mit waschbaren Bezügen oder Staubsauger mit speziellen Mikrofiltern. Wer gegen Birkenpollen allergisch ist, sollte bei Äpfeln und anderem Kernobst vorsichtig sein. All diese gutgemeinten Ratschläge sind Anleitungen zum Unglücklichsein.

Lungenkrebs

Bei Lungenkrebs geht der bösartige Tumor meist von der Bronchialschleimhaut aus. Das Bronchialkarzinom ist die häufigste Krebstodesursache bei Männern. Mehr als 90 Prozent der Männer und 60 Prozent der Frauen mit Lungenkrebs haben längere Zeit geraucht. Auch wenn Rauchen die Hauptursache ist, sollten wir den psychologischen Hintergrund betrachten, denn auch Nichtraucher erkranken an Lungenkrebs.

Lungenkrebs steht im Wesentlichen im Zusammenhang mit einem tiefen verdrängten Groll, der seit anderthalb bis zwei Jahren besteht. Wir haben in dieser Zeit nicht gewagt, ihn gegenüber der Person, von der wir uns verletzt fühlen, auszudrücken – aus Angst, nochmals ganz neu beginnen zu müssen.

Wir empfinden ein sehr ausgeprägtes Gefühl von Versagen, fühlen uns plötzlich dazu verdammt, für den Rest unseres Lebens in einer bestimmten Lebenssituation zu leben. Trotzdem haben wir Angst, neue Gedanken und Vorstellungen des Zusammenlebens nach außen zu bringen. Wir waren schon immer eng mit einem lieben Menschen verbunden oder haben uns an einen Menschen gebunden. Das macht uns besonders verwundbar für Verluste, Kränkungen oder Ablehnungserfahrungen.

Es fällt uns schwer, andere Menschen zu finden, die unsere Bedürfnisse befriedigen könnten – obwohl oder gerade weil wir zu allen Menschen nett sein möchten. Wir sind harmonisierend, vernünftig, verhalten uns mustergültig, mucken nicht auf oder opfern uns für den anderen auf, insbesondere für unsere Familienangehörigen, die wir gleichzeitig idealisieren.

So fühlen wir uns einerseits hilflos gegenüber einer nahestehenden Person und passen uns andererseits äußerlich an – doch im Grunde ist uns jetzt alles eine Last. Wir haben emotional und finanziell alles in unsere Beziehung investiert und sind jetzt in Gefahr, alles zu verlieren.

Als Folge dieser inneren Zermürbung schädigen wir unsere Gesundheit durch zu wenig Schlaf, übermäßiges Arbeiten und Missbrauch von Alkohol, Zigaretten oder Tabletten. Die Warnsignale unseres Körpers ignorieren wir.

Beispiele für typische Glaubenssätze bei Lungenkrebs:

Entry
«Ich muss alles hinnehmen, sonst habe ich verloren.»
«Ich muss mich in das Schicksal fügen, sonst verliere ich die Liebe ganz.»

Lungenkrebs ist damit ein tiefer Ausdruck der Furcht, alles zu verlieren. Gleichzeitig haben wir aber eine noch viel größere Angst davor, noch einmal neu anfangen zu müssen. Wir resignieren und glauben, unsere Liebe bzw. unser Leben nicht mehr leben zu können, weil es andere uns unmöglich machen. Dabei erkennen wir nicht, dass wir uns selbst lähmen.

Reentry
«Es kann auch sein, dass ich verloren habe, selbst wenn ich alles hinnehme.»
«Es kann sein, dass ich die Liebe verliere, selbst wenn ich mich in das Schicksal füge.»

Lungenentzündung

Eine akute oder chronische Entzündung des Lungengewebes kann allein oder als Folgeerkrankung entstehen, einen milden oder lebensbedrohlichen Verlauf nehmen, vollständig ausheilen oder bleibende Lungenschädigungen nach sich ziehen.

Bei der Mehrzahl der akuten Lungenentzündungen sind Bakterien und Viren die Ursache, was in 99 Prozent der Akutfälle mit Antibiotika erfolgreich geheilt werden kann.

Eine chronische Lungenentzündung ist mit diesem Ansatz jedoch nicht zu erklären und schon gar nicht zu heilen. Antibiotika helfen nicht, weil nicht Bakterien, Viren oder Pilze Auslöser sind.

Ist für die Schulmedizin ein bakterieller Überfall eine Abwehrschwäche des Organismus, sollte es in unserem Verständnis ein Signal für eine unpassende Einstellung des Betroffenen zu seinem System sein – so wie sich Bakterien im Wirtsorganismus dort einnisten, wo sich ein für sie geeignetes Nistmilieu bietet.

Alle bakteriellen Erreger haben durchgehend das Thema «Minderwertigkeit». Wer also eine chronische Lungenentzündung hat, ist in dieser Zeit mit der Thematik «Minderwertigkeit» konfrontiert – einerseits als inneres Lebensgefühl oder andererseits durch äußere, scheinbar unüberwindliche Widerstände.

Virale Infektionen sind durch Anpassungsprobleme an unvermeidliche Veränderungen der Lebenssituation charakterisiert. Sie beruhen auf einer starren Erwartungshaltung, die von der sozialen Wirklichkeit zwangsläufig enttäuscht wird. Zum Beispiel: Das Auftreten einer Gürtelrose deutet auf eine momentane fehlende Flexibilität gegenüber Unangenehmem hin, mit dem man sich nicht abfinden möchte.

Damit ist die Lungenentzündung Ausdruck eines Gefühls der Minderwertigkeit und einer verfehlten Anpassung an unvermeidliche Veränderungen. Wir glauben, in einem Lebensabschnitt mit unserem Partner auf fast unerträgliche Weise gefangen zu sein. Oder anders ausgedrückt: Wir glauben, ein Spiel aufgezwungen bekommen zu haben, das nur der andere zu gewinnen scheint. Es ist der Kampf um Lebensraum und Lebensform, der uns verausgabt.

Beispiele für typische Glaubenssätze bei Lungenentzündung:

Entry
«Ich muss alles hinnehmen, sonst habe ich verloren.»
«Ich muss mich in das Schicksal fügen, sonst verliere ich die Liebe ganz.»

Lungenentzündung ist ein Hinweis darauf, dass wir das Gefühl haben, dem anderen nicht zu genügen. Wir fühlen uns eingeengt und können uns weder äußern noch abgrenzen.

Reentry
«Es kann auch sein, dass ich verloren habe, selbst wenn ich alles hinnehme.»
«Es kann sein, dass ich die Liebe verliere, selbst wenn ich mich in das Schicksal füge.»

Jetzt ist eine Rückbesinnung auf den eigenen Lebensraum das oberste Gebot. Erst wenn die eigenen Bedürfnisse wieder Raum bekommen, kann man wirklich für den anderen sorgen.

Allgemeinbefinden

Die seelischen Leiden nehmen immer mehr zu. Eine weltweit durchgeführte Studie im Auftrag der WHO zeigt: Nicht Herzkrankheiten, auch nicht Krebs, sondern Erkrankungen wie Depression, Ängste, Alkoholabhängigkeit und viele weitere psychische Störungen verursachen weltweit knapp ein Viertel der Arbeitsausfälle.

Burn-out-Syndrom

Im deutschen Gesundheitswesen versteht man Burn-out (engl.: to burn out = ausbrennen) als einen «Zustand seelischer und körperlicher Erschöpfung, innerer Distanzierung mit anschließendem Leistungsabfall» als Folge von beruflicher Überbeanspruchung. Die Ursachen sind vielfältig: hohe Arbeitsbelastung, schlechte Arbeitsbedingungen, Zeitdruck, schlechtes Betriebsklima, wachsende Verantwortung, Nacht- und Schichtarbeit, unzulängliche materielle Ausstattung des Arbeitsplatzes, schlechte Kommunikation unter allen Beteiligten, zu geringe Unterstützung durch den Vorgesetzten, wachsende Komplexität und Unüberschaubarkeit der Arbeitsabläufe und -zusammenhänge, unzureichender Einfluss auf die Arbeitsorganisation, Hierarchieprobleme, Verwaltungszwänge, Verordnungsflut. Hinzu kommen ständige organisatorische Umstellungen, ohne die Betroffenen in Planung und Entscheidung einzubeziehen, sie bei Misserfolgen aber verantwortlich zu machen, und nicht zuletzt die wachsende Angst vor Arbeitsplatzverlust.

Und die Auswirkungen dieser Arbeitsbedingungen sind nicht weniger vielfältig: Resignation, Reizbarkeit, Aggression, Misstrauen, Sarkasmus, Zynismus, seelische Verhärtung und Verflachung des Gemütslebens, Schlaf-, Appetit- und sexuelle Störungen, zunehmende Infektanfälligkeit, Partner- und Eheprobleme, Magen-Darm-Leiden, Herz- und Kreislaufbeschwerden bis hin zu Selbstmordgedanken.

Fachleute im Gesundheitswesen sagen voraus, das psychische Erkrankungen bis zum Jahre 2020 die zweithäufigste Ursache für verminderte Arbeitsfähigkeit sein werden. Ist all dies nur auf eine zunehmende Arbeitsbelastung, den Kampf um den Arbeitsplatz, den Verlust von Solidarität und auf eine Versagensangst gegenüber dem Leistungsdruck zurückzuführen? Sind Schüler, Studenten, Mütter, Hausfrauen, Sportler, Rentner und viele andere in der Bewältigung des täglichen Auf und Ab von einem Burn-out ausgeschlossen? Wohl kaum.

Doch die zahlreichen Gründe für Burn-out sind nur eine Seite der Medaille. In Wirklichkeit ist man nicht ausgebrannt, sondern hat sich aufgeopfert, um seine idealen Vorstellungen von gutem Leben zu verwirklichen. Wir lehnen die augenblicklichen Lebensumstände ab und halten an unserem Ideal um jeden Preis fest, auch um den Preis körperlicher und seelischer

Erschöpfung. Wir sind Perfektionisten und opfern uns auf, um in jedem Fall unsere Vorstellungen durchzusetzen und zu realisieren. Wir fühlen uns, als ob wir gegen die ganze Menschheit kämpfen müssten, da sie unseren Erwartungen nicht entspricht.

Besonders bei Lehrkräften, Ärzten und Krankenpflegepersonal kommt es verstärkt zu Burn-out – aber nicht als Reaktion auf den jeweiligen Arbeitsanfall, wie uns immer wieder erzählt wird, sondern als Reaktion mangelnder Übereinstimmung des idealisierten Berufsbilds mit dem tatsächlichen Berufsalltag.

Und dies gilt nicht nur für Lehrkräfte, sondern auch für Mütter, die am Auseinanderklaffen von idealisiertem Familienbild und dem harten Familienalltag leiden. Oder für Schüler und Studenten, die ihren idealisierten Lebensentwurf nicht mit dem tatsächlichen Lebensalltag in Übereinstimmung bringen können.

Burn-out zeigt demnach, dass die derzeitige Lebensumgebung mit der gewünschten nicht zusammenpasst, und davor ist niemand sicher.

Bekannte Sportler wie der Skispringer Sven Hannawald oder der Fußballer Sebastian Deisler sind Beweis genug. Jeder, der sich im Alltag festgefahren fühlt, unzufrieden mit sich selbst und seinem Tun ist und trotzdem nichts dagegen unternimmt, unterdrückt sich selbst und verfehlt seinen ganz individuellen Lebenssinn. Wer dabei mehr auf Äußerlichkeiten wie eine Beförderung, eine Auszeichnung oder den finanziellen Status achtet und innere Werte wie Zufriedenheit und Glück außer Acht lässt, empfindet sein Tun schnell als sinnlose Quälerei.

Beispiele für typische Glaubenssätze bei Burn-out:

Entry
«Ich muss Harmonie in allen Lebensräumen herstellen, sonst ist mein Leben wertlos.»
«Wenn ich Besonderes leiste, dann bekomme ich endlich die Aufmerksamkeit, die ich mir immer gewünscht habe.»
«Ich muss aus jeder Situation das Beste machen, sonst werde ich kritisiert/abgelehnt.»
«Ich muss meine Vorstellung von Arbeit, Familie etc. durchsetzen, sonst gehe ich unter.»

Doch wir kämpfen in unserem Leben nicht allein um unsere Existenz, sondern um den Sinn unseres Daseins. Das Pendant zu Burn-out-Opfern sind nicht Müßiggänger, sondern Menschen, die bei sich selbst sind. Für diese Menschen ist das entscheidende Ziel nicht der sinnlose Status, sondern der sinnvolle Inhalt ihres Lebens.

Reentry
«Es kann auch sein, dass mein Leben wertlos ist, gerade weil ich unbedingt Harmonie in allen Lebensräumen haben will.»
«Es kann sein, dass ich nicht die Aufmerksamkeit bekomme, die ich mir wünsche, auch wenn ich Besonderes leiste.»
«Es kann auch sein, dass ich kritisiert und abgelehnt werde, wenn ich aus jeder Situation das Beste mache.»
«Es kann sein, dass ich untergehe, auch wenn ich meine Vorstellungen durchgesetzt habe.»

Lebenserfolge sind das sichtbar gewordene Ergebnis innerer Einstellung. Wo das innere Wohlbefinden als Nebensache angesehen wird, entsteht zwangsläufig eine Lebenskrise.

Angst und Panik

Zunächst ist es wichtig, dass man sich darüber klar wird, was Angst genau ist. Psychologisch verstehen wir unter Angst eine phobische (ängstliche) Reaktion auf eine spezifische Situation. Nehmen wir als Beispiel die Flugangst: Im Flugzeug ist den Passagieren weitgehend oder vollständig die Kontrolle entzogen. Deshalb macht sich ein Teil der Menschen – und das ist wesentlich – Gedanken, die die Angst erzeugen.

Der Inhalt dieser Gedanken kann sehr unterschiedlich sein. Einige Reisende denken ängstlich: «Hoffentlich stürzen wir nicht ab», andere fürchten nicht den Absturz, fühlen sich dafür aber eingesperrt, weil sie das Flugzeug während mehrerer Stunden nicht verlassen können: «Hoffentlich komme ich bald wieder raus.» Wieder andere fürchten sich vor der Enge und machen sich Gedanken, sie könnten ihre Selbstkontrolle verlieren und vor den anderen Passagieren eine lächerliche Figur machen: «Hoffentlich merkt keiner was.» Es gibt also eine Vielzahl unterschiedlichster Persönlichkeiten mit ganz verschiedenen, Angst erzeugenden Denkmustern, die den Nährboden für Flugangst liefern.

Angst ist deshalb kein isoliertes Problem, sondern eingebettet in eine individuelle Lebens- und Lerngeschichte – wie haben die Betroffenen gelernt, mit Lebensrisiken wie Gefahr, Verlust,

Tod, unbekannten oder überraschenden Situationen oder mit der Bewertung durch andere Menschen umzugehen? Viele Menschen können ihre Schwierigkeiten im «normalen» Alltag meist gut kaschieren. Diese Kompensation gelingt beim Fliegen nicht mehr, weil die Merkmale der Situation wie Enge, Zeitdauer und Kontrollverlust sehr viel extremer sind und es deutlich weniger Möglichkeiten gibt, die Schwierigkeiten zu kaschieren. Es kommt zu verstärktem Angstdenken und im Extremfall zu Panikattacken.

Die Quelle der Angst ist also unser Denken. Die Erregung des vegetativen Nervensystems mit all seinen auffälligen und unangenehmen Symptomen wie Verkrampfung, Schwindel, Zittern, Schweißausbrüchen und Übelkeit ist lediglich die Folge dieses Denkens und Fühlens.

Der Versuch, das vegetative Nervensystem zum Beispiel mit Entspannungsübungen zu beruhigen, ist recht populär, weil Entspannungsübungen nicht mit dem «Makel» einer Psychotherapie behaftet sind. Die wohlfeilen Formeln von Entspannungsübungen bleiben zwangsläufig erfolglos, weil uns dabei niemand hilft, unser selbstschädigendes Denken zu verändern.

Angst ist damit durch einen Zustand gedanklicher und gefühlsmäßiger Unklarheit gekennzeichnet. Wir verstehen einfach nicht, was im Augenblick, in dem die Angst auftaucht, los ist, fühlen uns wie in einer Falle, wissen aber nicht, welcher Art Falle das ist. Wir spüren eine drohende Gefahr, können sie aber nicht identifizieren. Wir haben Angst vor der Angst und den damit verbundenen Anstrengungen, die notwendig sind, um unser Ziel doch noch zu erreichen.

Wir fühlen uns vor eine Entscheidung gestellt, die uns womöglich einengt und die wir deshalb nicht treffen wollen. Da wir uns dessen nicht bewusst sind, glauben wir, dass wir durch die Dinge, die uns Angst machen, eingeengt werden – und so vermeiden wir Menschenmengen oder geschlossene Räume wie Fahrstuhl, Tunnel oder Flugzeug.

Der Mensch in Angst versucht, Entscheidungen zu vermeiden, die ihn in der Vergangenheit einmal in Schwierigkeiten gebracht haben – und das darf natürlich nicht noch einmal geschehen. Unsere Ängste haben wir in unserer individuellen Lebens- und Lerngeschichte erworben und nicht geerbt. In den ersten Jahren unseres Lebens haben unsere Eltern über Recht und Unrecht bestimmt, haben uns für alle Erziehungsprobleme verantwortlich gemacht, und ihre Erziehungsmaßnahmen ließen keine Kritik unsererseits zu. Ihre Grundsätze lauten: Pflichtgefühl ist Liebe, Gehorsam macht stark, ein hohes Selbstwertgefühl ist schlecht, auf kindliche Bedürfnisse darf man nicht eingehen, Härte und emotionale Kälte bereiten gut aufs Leben vor und Eltern haben immer recht.

Wir hatten nie wirklich eine Chance, eine eigene Entscheidung zu treffen, sonst wären wir aus der Gemeinschaft ausgeschlossen worden. «Wenn du das machst, bist du nicht mehr mein Kind.» Was also sollten wir tun? Wir konnten in unserer Kindheit unsere Bedürfnisse nur verdrängen und unterdrücken, konnten nur versuchen, Entscheidungen, die sich auf unsere Familienmitglieder auswirken würden, zu vermeiden – auszuweichen auf uns selbst durch Errötungsangst, Angst vor der Angst oder auf Objekte wie Fahrstuhl, Flugzeug und vieles mehr.

Viele Erziehungsmethoden sollten als Menschenrechtsverletzungen angesehen werden.

Verstehen Sie jetzt, warum ich zutiefst davon überzeugt bin, dass hinter jeder Angst ein Gesicht steht, nämlich das der Mutter oder des Vaters? Wenn Sie mir in diesem Punkt folgen können, haben Sie die beste Voraussetzung geschaffen, um Ihre quälenden Ängste ein für alle Mal aufzulösen.

> «Lieber Hans-Peter, 30 Jahre lang habe ich unter meinen Ängsten und Panikattacken gelitten. Ich habe jegliche Formen von Therapie gemacht und eine Menge gelernt. Aber meine Angst und Panik blieben. Dann hatte ich ein Einzeltraining bei Dir und Du hast mir sehr deutlich und wahrheitsgemäß klargemacht, dass meine Mutter und ihre Art und Weise, wie wir miteinander kommuniziert haben, hinter meinen Ängsten stehen. Ich bin begeistert, fasziniert, erstaunt und verblüfft. Mein Leben lang hatte ich unglaubliche Ängste vor geschlossenen Türen, und jetzt fühle ich mich frei, wenn die Türen geschlossen sind!
>
> Ich fuhr nach dieser Sitzung angstfrei mit dem Zug nach Hause. Und der Gedanke, mich endlich in ein Flugzeug setzen zu können und zu fliegen, erzeugt in mir ein Glücksgefühl. Ich fühle mich, als hätte ich 30 Kilo Ballast von meinen Schultern geworfen.»

Sollten Sie unter Ängsten leiden, dann schreiben Sie Ihre Glaubenssätze auf und werden Sie sich darüber klar, mit welchen Argumenten Sie versucht haben, einer Konfrontation mit einer Person in Ihrer Herkunftsfamilie auszuweichen – und dabei Gefühle verdrängt und unterdrückt haben.

Beispiele für typische Glaubenssätze bei Angst und Panik:

Entry
«Ich darf meine Mutter nicht verurteilen, sonst bin ich eine schlechte Tochter.»
«Wenn ich meine Eltern liebe, dann habe ich Ruhe.»
«Meine Eltern haben es nicht so gemeint, sie sind nicht böse, ich bin schuldig.»

Der wohl einzige Weg, der zur Auflösung unserer Ängste und Panikattacken führt, ist, unsere Konfliktvermeidungsstrategien gegenüber wichtigen Bezugspersonen aufzugeben und zu fühlen, was wirklich war und wie wir versucht haben, bei den «wohlmeinenden Einpeitschern» nicht unterzugehen.

Machen Sie sich an dieser Stelle eindringlich bewusst, dass Allgemeinmoral, die Einengung der Wahlmöglichkeiten, Strafe bei Abweichung von strikten Regeln die freie Entfaltung des Gegenübers ignoriert und bei ihm Ängste auslöst.

Reentry
«Es kann auch sein, dass ich ein guter Mensch bin, auch wenn ich meine Mutter als schlechten Mensch verurteile.»
«Es kann sein, dass ich keine Ruhe habe, auch wenn ich meine Eltern liebe.»
«Es kann sein, dass meine Eltern es genau so gemeint haben und ich ihr Opfer war.»

Angststörungen sind Störungen in den Beziehungen von Eltern und deren Kindern und nicht Störungen in der Psyche eines einzelnen Menschen.

Migräne

22,5 Millionen Menschen in Deutschland leiden regelmäßig unter Kopfschmerzen; am häufigsten sind Migräne und Spannungskopfschmerzen. Spannungskopfschmerzen entstehen oft durch Stress, Konflikte, Lärm und Wetterwechsel. Typisch sind beidseitige dumpfe oder drückende Schmerzen. Oft hilft es schon, an die frische Luft zu gehen. Dagegen ist Migräne ein neurologischer, anfallartiger, pulsierender und halbseitiger Schmerz, der gewöhnlich nur eine Kopfseite befällt. Oft wird der Kopfschmerz von zusätzlichen Symptomen wie Übelkeit, Lichtempfindlichkeit und Wahrnehmungsstörungen begleitet.

Zu den häufigsten Auslösern einer Migräne zählt der Konsum bestimmter Lebens- und Genussmittel, vor allem Alkohol. Darüber hinaus werden insbesondere glutamat-, tyramin-, histamin- und serotoninhaltige Lebens- und Genussmittel wie Käse und Schokolade als Ursache genannt. Auch Umweltreize wie Lärm oder Wetterschwankungen werden häufig als Grund angegeben.

So weit die klassischen Erklärungsversuche. Für mich als Präventologe und systemischer Berater sind wir Menschen jedoch in erster Linie soziale Wesen – so sehr, dass unsere emotionalen Reaktionen auf ungewollte Veränderungen unseres Lebensrhythmus von unserem Gehirn wie körperliche Beschädigung bewertet und auf organischer Ebene mit Schmerz beantwortet werden. Wir formen uns mit unseren Emotionen selbst; Migräne wird von unseren Gefühlen zu unserem Handeln bzw. Nichthandeln verursacht.

Meiner Erfahrung nach stammen Migränepatienten häufig

aus Familien, in denen sehr viel Wert auf Intelligenz und Leistung gelegt wurde. Die Kinder machen die Erfahrung, nicht um ihretwillen, sondern hauptsächlich wegen ihrer intellektuellen Leistungen geliebt zu werden. Deswegen identifizieren sie sich immer mehr mit dem Leistungskonzept der Eltern und verinnerlichen den starken äußeren Druck. Daraus folgt oftmals die Unfähigkeit, sich zu entspannen oder zu genießen. Der eigene Kopf wird unter Druck gesetzt; man «zerbricht sich den Kopf» und «zermartert sich das Gehirn.»

Neben Leistungsdruck und Überforderung können auch berufliche und gesellschaftliche Aufstiegssituationen, die Unvereinbarkeit von Leistungswünschen mit dem Bedürfnis nach Nichtstun sowie verdrängte Wut zu Migräneanfällen führen.

Eine 36-jährige Sekretärin litt seit drei Jahren an Migräne. Sie beschrieb sich selbst als Kind, das von einem «korrekten», strengen Vater und von einer verständnisvollen, aber sehr «ordentlichen» Mutter erzogen wurde. In ihrem Zuhause hätten besonders Leistung und «ein in jeder Hinsicht sauberes Auftreten» gezählt. Die Migräne hatte sie befallen, als ihr Mann, ein selbständiger Kaufmann, mit dem sie seit 12 Jahren verheiratet war, vor drei Jahren ins Krankenhaus musste, wo er wegen eines Bandscheibenleidens operiert wurde. Bisher hatte sie sich aus den geschäftlichen Angelegenheiten ihres Mannes herausgehalten und sich stattdessen um den Haushalt gekümmert und «alles peinlich genau in Ordnung gehalten». Als sie den Bau eines eigenen Hauses begannen, war alles «kaum zu schaffen» gewesen. Seitdem ihr Mann aber im Krankenhaus lag, fühlte sie sich gänzlich überfordert, da alles auf ihr «lastete» (Geschäft, Haushalt,

Hausbau), und sie litt unter sehr regelmäßigen Migräneanfällen, die sich nur dann etwas besserten, wenn sie sich hinlegte.

Die geschilderte Überforderungssituation ergab sich also aus ihrem eigenen hohen Anspruchsniveau und der Tatsache, dass sie sich mit dem beruflichen und finanziellen Erfolg ihres Mannes in einer Aufstiegsposition befand, an der sie mit hohem Einsatz mitwirkte, jedoch Versagensängste ihr «Kopfschmerzen bereiteten».

Ihr Reentry-Heilungssatz lautete: «Es kann auch sein, dass ich versage und wir untergehen, selbst wenn ich alles peinlich genau in Ordnung halte.»

Eine Studie von US-Wissenschaftlern von der Universität Michigan konnte bestätigen, dass subjektive Gefühle des Scheiterns tatsächlich ebenso schmerzen wie körperliches Leiden. Sie stellten fest, dass emotionaler Schmerz und körperlicher Schmerz die gleichen Regionen des Gehirns aktivieren.

Jeder Mensch hat eine klare, wenn auch meist unbewusste Vorstellung von seinem Leben und Lebenssinn, unbewusst auch deshalb, weil im Lauf des Lebens viele Ängste und Emotionen den Blick auf die eigene Lebensvision verstellen. Wird uns von Zeit zu Zeit bewusst, dass wir etwas tun, was wir nicht tun wollen, und wir damit unsere Vorstellungen vom Leben nicht mehr leben, werden unsere emotionalen Schmerzen auf organischer Ebene mit einem anfallartigen, pulsierenden, halbseitigen Kopfschmerz beantwortet.

Beispiele für typische Glaubenssätze bei Migräne:

Entry
«Ich muss das tun, was andere von mir erwarten, sonst werde ich nicht geliebt.»
«Ich muss meine Vorstellungen, wie ich leben möchte, zurückstellen, sonst bin ich allein.»

Wenn wir glauben, etwas tun zu müssen, was für uns selbst nicht gut ist bzw. was wir eigentlich nicht wollen, ist unser Körper in einer andauernden Alarmbereitschaft gegenüber dem, was wir tun, und anfallartige Schmerzen im Kopf sind das Resultat.

Reentry
«Es kann auch sein, dass ich nicht geliebt werde, selbst wenn ich alles tue, was andere von mir erwarten.»
«Es kann auch sein, dass ich allein bin, weil ich meine Visionen nicht lebe.»

Ohrgeräusche (Tinnitus)

Der Gehörsinn ermöglicht uns die Orientierung in unserer Umgebung und erlaubt uns, Töne jeder Art zu hören, um möglichen Gefahren vorzubeugen.

In Momenten, in denen wir großen emotionalen Stress erleben, kann es uns passieren, dass wir vorübergehend oder ständig Ohrgeräusche in unterschiedlicher Intensität wahrnehmen, die aus keiner äußeren, erkennbaren Quelle stammen. Die Schulmedizin diagnostiziert in diesem Fall Tinnitus als eine Störung der Hörfunktion. Jedoch ist Tinnitus selbst keine Krankheit, sondern ein Symptom. Gegen die Einordnung als Krankheit spricht auch folgendes Phänomen: Wenn ein hörgesunder Mensch sich in einem schallisolierten Raum befindet, also in einem Raum, in dem alle Geräusche künstlich verdrängt werden, nimmt er nach spätestens 15 Minuten Ohrgeräusche wahr – auditive Hirnareale feuern Impulse, obwohl es gar nichts zu hören gibt.

Wir dürfen an dieser Stelle also annehmen, dass der Mensch, der über Ohrgeräusche klagt, sehr kunstfertig äußere Ereignisse verdrängt. Diese Form von Verdrängung führt zu einer körperlichen Umkehrung in unseren Ohren, und wir hören plötzlich Geräusche, die es «nicht gibt.»

Doch so plötzlich, wie die Ohrgeräusche scheinbar auftreten, sind sie gar nicht – sie sind sozusagen «der Tropfen, der das Fass zum Überlaufen bringt».

Es gibt eben nicht nur ein Motiv oder ein Ereignis, das uns im Bann hält. Aber es gibt *das* Ereignis, das die vorherigen zusammenfasst und sich dann körperlich ausdrückt.

Seit dem Auszug ihres Sohnes litt meine Klientin unter Ohrgeräuschen und schmerzhaften Muskelverspannungen im Nacken, die wiederum zu Spannungskopfschmerzen sowie Migräne und Schwindelgefühlen führten.

In ihrem Beruf als Lehrerin fühlte sie sich seit längerer Zeit überfordert und konnte abends nicht abschalten: «Ich gehe mit den Problemen der Schüler ins Bett, liege stundenlang wach und grüble und grüble.» Alles wuchs ihr über den Kopf, sie hatte Angst, arbeitsunfähig zu werden, und kam aus eigener Initiative zu einem Gesundheitstraining, weil sie nicht mehr weiterwusste.

Vor dem Hintergrund einer emotionalen Überforderung löste der Auszug des Sohnes offensichtlich die Ohrgeräusche aus. Im Gespräch mit meiner Klientin fiel mir sofort eine eingeschränkte Autonomieentwicklung durch eine unaufgelöste Beziehung zu einer scheinbar dominanten Mutter auf. Durch Anpassung unterdrückte sie subtil ihre Wünsche nach Autonomie und die eigenen vitalen Impulse. Ihre Wut und Trauer über die mangelnde Möglichkeit, sich von den Eltern abzugrenzen, unterdrückte sie.

Durch eine ununterbrochene berufliche Laufbahn lebte meine Klientin über Jahre gut kompensiert. Sie band sich durch ihr altruistisches Verhalten an ihren Sohn, wodurch sie ihre eigenen Mangelerfahrungen ausgleichen konnte. Mit der Überforderung am Arbeitsplatz wurde ihre mühsam aufrechterhaltene Kompensation geschwächt, und der Auszug ihres Sohnes brachte das Fass endgültig zum Überlaufen. Gefühle von Trauer, Wut und Enttäuschung klangen (Ohrgeräusche) an.

Mit ihrem Reentry-Heilungssatz «Es kann auch sein, dass ich untergehe, weil ich immer angepasst und artig bin» erfuhr sie, dass sie körperlich untergeht, wenn sie ihre Gefühle von Ärger und Wut nicht zeigt. Ihr wurde selbst klar, dass sie nicht grundsätzlich mit Ablehnung oder Zurückweisung rechnen muss, nur weil sie ihren Anspruch auf Autonomie und die eigenen Wünsche mitteilt.

Und ihr wurde bewusst, dass sie durch ihre übermäßige Anpassungs- und ständige Hilfsbereitschaft nach wie vor (wie in der Kindheit) hoffte, Zuwendung und Anerkennung zu erhalten, womit sie sich jedoch selbst und besonders ihren Sohn überforderte.

«Nach zwei Trainingseinheiten waren die Ohrgeräusche weg, traten aber alle zwei bis drei Wochen für einige Stunden wieder auf. Ich fand mit der Zeit heraus, in welchen Situationen das geschah. Anstatt über diese Situationen zu grübeln, sprach ich ohne Vorwurf mit demjenigen, der diese Situation verursacht hatte. Seitdem ich das praktiziere, kam auch der Tinnitus bisher nicht wieder.»

Beispiele für typische Glaubenssätze bei Ohrgeräuschen:

Entry
«Ich muss mich anpassen, sonst gehöre ich nicht dazu.»
«Ich darf meine Gefühle nicht zeigen, sonst stehe ich allein da.»

Ohrgeräusche verschwinden erst, wenn wir uns erlauben, Gefühle von Wut, Aggression und Traurigkeit gegenüber der Person zu äußern, die unserer Meinung nach unsere Autonomie einschränkt und uns mit Liebesentzug droht.

Reentry
«Es kann auch sein, dass ich nicht dazu gehöre, weil ich mich anpasse.»
«Es kann auch sein, dass ich allein dastehe, weil ich meine Gefühle nicht zeige.»

Depression

Depression bezeichnet einen Zustand der Niedergeschlagenheit. Dieses Gefühl kann in verschiedenartiger und unterschiedlich intensiver Ausprägung auftreten, bis hin zu einem Zustand, den wir als chronische Krankheit bezeichnen.

Eine Depression äußert sich durch eine tiefe Traurigkeit, begleitet von seelischem Leiden, einem Verlust des Selbstwertgefühls, verbunden mit Geringschätzung der eigenen Person gegenüber und Schuldgefühlen. Wir leben ständig in der Vergangenheit, die Gegenwart existiert nicht, und die Zukunft macht uns Angst. Wir haben keine Lust, irgendetwas zu tun, wollen ein anderes Leben führen und sind dabei zwischen unseren Vorstellungen, wie das Leben (oder der Partner, Kinder, Arbeit) sein soll, und der Wirklichkeit zerrissen. Wir fühlen uns in unserem Lebensraum und Lebensgestaltung eingeschränkt, vielleicht sogar unterdrückt, das Leben verliert mehr und mehr den Sinn. Dabei fühlen wir uns überflüssig, armselig und wie eine Last für andere. Wir neigen in diesem Zustand dazu, zu resignieren, aufzugeben, innerlich zu kündigen, zu gehen. Wir fangen an, in der Partnerschaft, in der Familie, im Beruf nur noch zu funktionieren, immer noch mehr von uns zu verlangen, und legen dabei unbemerkt die Latte so hoch, dass wir zwangsläufig scheitern.

Die Depression hat ihren Ursprung in unserem Gefühl beziehungsweise in unserer Angst, in unserem Lebensraum (meine Eltern, meine Kinder, meine Freunde, mein Hund, mein Haus) unterdrückt zu werden und zu verlieren. Wir fühlen uns als machtloses Opfer, ziehen uns zurück und vermeiden jede Art der Auseinandersetzung mit den vermeintlichen Unterdrückern – den Eltern, dem Partner, den Kindern, den Freunden –, aber auch mit uns selbst.

Doch solange wir das Leben nicht so annehmen können, wie es ist, und wir unsere Gefühle unterdrücken, entsteht eine Aussichtslosigkeit, die uns letztlich zerstört. Dies hört sich dramatisch an – und das ist es auch, solange wir glauben, nichts ändern zu können. Ändern müssen sich die andern, die uns unterdrücken, denn da, wo ein Unterdrückter ist, muss es ja auch einen Unterdrücker geben, der uns kritisiert, verurteilt und nicht wertschätzt.

Ein Beispiel aus meinem eigenen Leben: Mein Vater hat mich bis zu seinem Selbstmord, als ich 11 Jahre alt war, immer schlecht gemacht. Ich sei kein richtiger Junge, nicht stark genug, ein Muttersöhnchen, dumm usw. – und dann der plötzliche Freitod meines Vaters. Es gab keine Möglichkeit der Versöhnung, nicht einmal die Chance, sich zu verabschieden. Viele Jahre, sogar Jahrzehnte habe ich innerlich um die Liebe meines Vaters gekämpft, selbst nach seinem Tod. Ich hatte immer das Gefühl, nicht gut genug, ein Versager zu sein. Lange Zeit schob ich meinem Vater die Schuld für meinen Lebenskampf zu. Er hat mich doch schließlich unterdrückt! In einer systemischen Aufstellung erkannte ich dann, dass ich es bin, der einfach viel zu hohe Erwartungen an sich stellt und besondere Leistungen von sich erwartet – um eben von meinem Vater und später von jedem anderen geliebt zu werden.

In dem Augenblick der Erkenntnis, dass es möglicherweise Menschen gibt, die mich nicht lieben, selbst wenn ich alles besonders gut mache oder Besonderes erarbeite, konnte ich meine eigene Unterdrückung aufgeben. Ja, mein Vater konnte mich nicht lieben. Vielleicht, weil er im Krieg und letztendlich in russischer Gefangenschaft selbst Unterdrückern ausgesetzt war und dabei gefühlsblind für andere und seine eigenen Emotionen wurde.

> Eine 44-jährige Frau kam auf Initiative ihres Mannes in das Gesundheitstraining. Sie berichtete, dass sie allein mit ihrem Mann lebt, die beiden Kinder waren inzwischen erwachsen und ausgezogen. In letzter Zeit hatte es immer wieder Konflikte in ihrer Ehe gegeben. Seit einigen Wochen schlief sie sehr schlecht, lag abends lange wach und grübelte. Morgens fühlte sie sich wie gerädert, musste sich überwinden aufzustehen und zur Arbeit zu gehen. Sie arbeitete als Kassiererin in einem Supermarkt. Der Job war sehr stressig und anstrengend, und in letzter Zeit war sie bei der Arbeit oft unkonzentriert, leistete keine gute Arbeit. Zu Hause schaffte sie es nicht, den Haushalt zu bewältigen; sie fühlte sich auf der ganzen Linie als Versagerin. Ihr Hausarzt hatte sie seit letzter Woche krankgeschrieben, seither lag sie die meiste Zeit auf der Couch vor dem Fernseher, wobei sie nichts, was sie sah, interessierte. Sie hatte auch keine Lust, sich wie früher mit ihren Freundinnen zu treffen. Gekocht hatte sie schon lange nicht mehr, ihr fehlte einfach die Energie dafür. Aber auch wenn ihr Mann für sie Essen machte, rührte sie kaum etwas davon an. Sie hatte einfach keinen Appetit. Oft fühlte sie sich sehr traurig, obwohl kein Anlass dafür ersichtlich war.
>
> Ihr Reentry-Heilungssatz lautete: «Es kann auch sein, dass ich Nähe und Geborgenheit verliere, weil ich meine Wünsche nicht klar kommuniziere.» Sie hatte nämlich

Angst, ihren Mann mit ihren Wünschen von Geborgenheit und Nähe zu überfordern, und in letzter Konsequenz allein und verlassen dazu stehen – was in keinem Fall geschehen durfte.

Beispiele für typische Glaubenssätze bei Depression:

Entry
«Ich muss still sein, sonst bin ich allein.»
«Wenn ich Besonderes leiste, dann werde ich geliebt.»
«Wenn ich für meinen Mann alles mache, dann werde ich von ihm beachtet.»

Der Ausweg aus der Depression ist die Bereitschaft, Schlechtes, Böses, schlechte und böse Menschen anzunehmen, auch den Schatten im Leben zu akzeptieren und mit ihm Frieden zu schließen. Wir reden uns nicht länger ein, dass alles gut war, sondern nennen unseren Schrecken beim Namen und können dann beginnen, unser Leben selbst in die Hand zu nehmen.

Reentry
«Es kann sein, dass ich allein bin, selbst wenn ich immer still bin.»
«Es kann auch sein, dass ich nicht wirklich geliebt wurde, selbst wenn ich Besonderes geleistet habe.»
«Es ist tatsächlich möglich, dass ich von meinem Mann überhaupt nicht beachtet werde, selbst wenn ich für ihn alles tue.»

ADHS

Die Zahl der Kinder mit Aufmerksamkeits- und Hyperaktivitätsstörungen (ADHS) ist einer aktuellen Studie zufolge in den vergangenen Jahren sprunghaft gestiegen. Das Ergebnis der Auswertung von 8 Millionen Patientendaten der Barmer GEK zeigt, dass die meisten Neuerkrankungen im neunten Lebensjahr zum Ende des Grundschulalters vor dem Übergang auf weiterführende Schulen auftreten. Bundesweit litten knapp zwölf Prozent der zehnjährigen Jungen und etwa vier Prozent der Mädchen an der Störung. Ein wesentlicher Grund dafür seien die überforderten Eltern, so die Studie der Leibniz Universität Hannover.

Diese Einschätzung vertrete ich schon seit Jahren. Wir müssen aufpassen, dass die ADHS-Diagnostik nicht aus dem Ruder läuft und wir eine Generation der Pillenschlucker hervorbringen. Pillen helfen nicht gegen Erziehungsprobleme, das ist der falsche Weg.

Dieses Kapitel habe ich nicht für die betroffenen Kinder und Jugendlichen geschrieben, sondern für deren Eltern.

Waren die Nachkriegsjahre vor allem durch Fortschrittsglauben und Wohlstand gekennzeichnet, ist der Blick in die Zukunft der gegenwärtigen wirtschaftlichen Situation vor allem von Angst geprägt, die Eltern und ihre Kinder regelrecht lähmt. So haben Kinder von jüngeren Eltern oder wirtschaftlich schwachen Eltern ein deutlich erhöhtes Risiko, an ADHS-Störungen zu erkranken.

Gab es bis zum 20. Jahrhundert für die Mitglieder der überwiegend kleinen Lebensgemeinschaften schlichtweg keine Wahlmöglichkeiten von Lebensformen, so bietet heute die multikulturelle Gemeinschaft so viele unterschiedliche Lebensformen, Überzeugungen und Lebensziele, dass jeder Versuch, eine verbindliche Erziehungsmethode zu etablieren, Konflikte und Krisen in uns produziert. Jeder starre Erziehungsstil ignoriert die Bedürfnisse und Interessen des Jugendlichen und setzt ihn unter Rechtfertigungsdruck.

Viele Erziehungsmittel sind gerade in wirtschaftlich schwierigen Jahren repressiv – wie die Drohung «Wenn deine Noten schlecht sind, dann reicht es nur noch für Hartz IV» und die Demütigung «Du schaffst es sowieso nicht».

Eine Erziehung, die zäh an Bestehendem festhält und Neues schroff ablehnt, zwingt die Kinder in extreme Verhaltensmuster; sind sie doch tagtäglich mit Neuem und Andersartigem im Kindergarten, in der Schule oder in der Stadt konfrontiert.

Sie zweifeln daran, dass die vorgenannten Erziehungsmethoden in der «Familie des 21. Jahrhundert» noch existieren? 1,2 Millionen Kinder und Jugendliche mit der Diagnose ADHS beweisen, dass es ebenso viele Eltern mit rigiden Erziehungsstilen gibt. Ein nicht kontrollierbares, überaktives Verhalten bei den Kindern deutet oftmals auf Eltern hin, die alles unter Kontrolle haben müssen und jeden Umgang miteinander bis ins kleinste Detail regeln. Generell verweisen Kinder mit ADS/ADHS-Symptomen auf unbewegliche, zögernde, an Maßstäben und Regeln festhaltende Eltern, die dann jede Abweichung entsprechend sanktionieren. Die eigentliche Ursache von Verhaltensstörungen, Lernstörungen oder Erziehungsproblemen ist die Art und Weise, wie Eltern ihre Kinder erziehen. Doch dieser Tatsache wird noch viel zu wenig Bedeutung beigemessen.

Tom, 11 Jahre alt, wurde von seinen Eltern zu mir gebracht, weil er ständig unruhig war, zappelte und auch Koordinationsprobleme hatte. Rad fahren lernte Tom erst im Alter von sechs Jahren, weil er durch seine motorische Unruhe Probleme mit dem Gleichgewicht hatte, doch eine Therapie wurde nicht für notwendig erachtet. Im Kindergarten wurde Tom als temperamentvolles Kind beschrieben, doch da empfand ihn niemand als störend. Bei den Vorsorgeuntersuchungen gab es keine Besonderheiten. Erst in der Schule zeigten sich dann vermehrt bestimmte Auffälligkeiten. Tom kippelte mit dem Stuhl, stand ungefragt auf, lief im Klassenzimmer umher und störte im Unterricht die anderen Kinder. Für kurze Zeiträume konnte Tom sich gut konzentrieren, und er verfügte über eine gute Auffassungsgabe, doch das Schreiben fiel ihm schwer. Sein Schriftbild war schlecht, und er vergaß erlernte Buchstaben schnell wieder. Oft konnte er selbst nicht mehr lesen, was er geschrieben hatte, und je komplexer die Aufgaben wurden, desto schwieriger wurde die Lösung für ihn, weil seine Gedanken immer wieder abschweiften und bereits andere Aufgaben «in Angriff» nahmen.

Doch der eigentliche Hintergrund von Toms Krankheitsbild war seine Familie. Seit vielen Jahren befindet sich die Familie in einer sehr angespannten finanziellen Situation, was zu vielen Auseinandersetzungen zwischen den Eltern und den Kindern wegen alltäglicher Kleinigkeiten führte. Verbale Aufforderungen erreichten die Kinder und vor allem Tom nicht, was zwangsläufig zu noch mehr Stress führte. Hausaufgaben wurden vor dem Fernseher gemacht, weil die Eltern mit ihren Problemen selbst überlastet waren. Unter den Eltern und Kindern herrschten Freud- und Hoffnungslosigkeit.

Der Reentry-Heilungssatz für Tom lautete: «Es kann sein, dass ich keine Chance habe, weil ich innerlich zugemacht habe.»

Schauen Sie sich bitte die Beispiele für die Glaubenssätze bei ADHS an. Haben Sie vielleicht versucht, mit diesen Grundsätzen Ihre Kinder auf den rechten Lebenspfad zu bringen?

Beispiele für typische Glaubenssätze der Eltern von Kindern mit ADHS:

Entry:
«Meine Kinder müssen funktionieren, sonst wird nichts aus ihnen.»
«Ich muss hart durchgreifen, sonst landet unser Kind auf der Straße.»
«Wenn wir als Eltern keinen Druck machen, dann kommt bei unserem Kind einfach nichts.»

Jede allgemeingültige Moralvorstellung, jede Einengung der Wahlmöglichkeiten, jeder bis ins Detail geregelte Umgang und jede Bestrafung von Abweichungen ignoriert die Interessen und die freie Orientierung des Jugendlichen und löst unmittelbar Ängste und Verhaltensstörungen aus.

Reentry
«Es besteht auch die Möglichkeit, dass aus meinen Kindern nichts wird, weil sie bei mir funktionieren mussten.»

«Es kann auch sein, dass unser Kind gerade auf der Straße landet, weil ich hart durchgegriffen habe – und es in seiner Verzweiflung auf die Straße ausgewichen ist.»
«Es besteht auch die Möglichkeit, dass bei unserem Kind nichts ankommt, nichts angenommen wird, weil wir einen entsetzlichen Druck machen.»

Eltern, die mit dem Rücken an der Wand stehen und nicht weiterwissen, können sehr viel Macht ausüben und damit indirekt in ihren Kindern Verhaltensstörungen wie ADHS oder Angst- und Lernstörungen verursachen. Doch Erziehungsarbeit sollte Beziehungsarbeit sein. Dazu gehört auch, dass den Kindern Entfaltungsmöglichkeiten gegeben werden und sie sich auch mal unserer Erziehung entziehen können.

Doch die erste Aufgabe auf dem Weg zur Heilung ist es, *Mütter* von verhaltensgestörten Kindern von einer meist eingebildeten Schuld zu entlasten. Frauen geben sich oftmals die Schuld an allem: Sie glauben, schuld an den verhaltensgestörten Kindern zu sein, schuld an der familiären Misere, schuld an der nicht funktionierenden Ehe usw. Schon in der Bibel ist Eva schuld an der Vertreibung aus dem Paradies. Es wird Zeit, dass sich Frauen von ihren völlig unberechtigten Schuldgefühlen befreien – zu ihrem Wohl und zum Wohl ihrer Kinder.

Übergewicht

Immer mehr Menschen sind übergewichtig, und der Wunsch nach dem Idealgewicht steht für viele im Mittelpunkt des Lebens. Die Ursachen, weshalb sich das gewünschte Gewicht nicht einstellt, sind vielfältig und hinlänglich bekannt: Überernährung, Bewegungsmangel, Stoffwechselkrankheiten, Nebenwirkungen von Medikamenten. Die angepriesenen Diäten – Atkins-Diät, Glyx-Diät, Hollywood-Star-Diät, Mayo-Diät, Pritkin-Diät und viele andere – sind nicht minder vielfältig. Mittlerweile werden auf dem Diätmarkt jährlich viele Millionen Euro umgesetzt. Zehn Pfund in zehn Tagen! Der Standard-Slogan für Diäten ist schlichtweg Humbug, der Jojo-Effekt ist vorprogrammiert, denn die meisten Diäten machen krank statt schlank. Und so werden wir immer dicker, und der ständige Kampf gegen das Übergewicht kann zu psychischen Störungen führen.

Die Schulmedizin macht in der Regel genetische Faktoren als Ursachen für Übergewicht aus.

Die einseitige Vorstellung, dass die Bausteine unseres Körpers auf eine starr festgelegte Art und Weise funktionieren und verantwortlich für alle körperlichen Übel sind, ist einfach falsch.

Auch dem Übergewicht liegen falsche Glaubenssätze zugrunde. Deswegen reicht es nicht, sklavisch die Kalorien zu zählen; man muss vielmehr die selbstschädigenden Glaubenssätze aufspüren und löschen – denn diese bringen uns dazu, zu viel und zu unkontrolliert zu essen.

Die falsche Programmierung beginnt schon sehr früh. Wenn

unsere Mutter Angst vor den kindlichen Affekten hat, weil sie an etwas Unbewältigtes rühren, sie zum Beispiel nicht ertragen kann, von ihrem Kind zurückgewiesen zu werden, will sie es nicht nur gut machen, sondern perfekt. Sie beginnt, uns zu verwöhnen (Gluckenmutter) oder zu bevormunden (Programmmutter). Wir werden entmachtet, von ihr besetzt und bekommen mehr und mehr das Gefühl, keinen Boden mehr unter den Füßen zu haben.

In der Partnerschaft leben wir diesen Umstand weiter und fühlen uns von unserem Lebenspartner ebenfalls entmachtet und bestimmt.

Das konfliktvermeidende Verhalten unserer Mutter führt zu frühen Regulationsstörungen wie Durchschlaf-, Fütterungs- und Schreistörungen. Später, als Erwachsene, bekommen wir dann Stoffwechselstörungen wie Zöliakie, Lebensmittelunverträglichkeiten und jede Art von Fettstoffwechselstörungen.

Wir haben die Art und Weise, wie unsere Mutter mit uns umgegangenen ist, im wahrsten Sinne des Wortes in uns hineingefressen und stecken im Konflikt mit uns selbst fest – nicht im Konflikt mit unserem Übergewicht, sondern mit unseren Gefühlen und Gedanken über uns selbst. Wir fühlen uns ungeliebt, abhängig, unbedeutend, unfähig und nutzlos.

Die Befreiung von der übermächtigen Mutter scheitert an den Schuldgefühlen, mit denen wir erzogen wurden. Haben wir einmal zu widersprechen gewagt, weckte sie in uns Schuldgefühle: «Du bringst mich noch ins Grab», «Du bist undankbar, ich tue doch alles nur für dich», «Auch wenn ich hart zu dir war, so war es nur zu deinem Besten», «Nur aus Liebe war ich zu dir so streng», «Ich gehe jetzt und komme nie wieder». Dabei gibt es nichts Schlimmeres für ein Kind als eine solche «Erziehung».

Wie undankbar mussten wir uns vorkommen – und so gaben wir aus Schuldgefühlen unsere Befreiungsversuche auf.

Doch wer sich ständig, vielleicht seit seiner Kindheit, unzulänglich fühlt und ununterbrochen mit Minderwertigkeitsgefühlen kämpft, bekommt fast zwangsläufig Bluthochdruck (Hypertonie), veränderte Blutfettwerte (Dyslipidämie), zunehmende Insulinresistenz und abdominelle Fettleibigkeit, was wiederum die Stimmung herabzieht und pessimistisch, unzufrieden, reizbar, aggressiv macht – und um uns zu beruhigen, essen wir und werden dicker und dicker.

Wollen wir dann unser Übergewicht loswerden und machen eine Diät, die nur auf einer Kalorienreduktion beruht, erreichen wir genau das Gegenteil: Der Grundumsatz passt sich an die geringere Energiezufuhr an, senkt sich also, was eine verminderte Leistungsfähigkeit zur Folge hat. Das Fatale ist, dass unsere Stimmung ja bereits auf ziemlich niedrigem Niveau ist und jetzt im Kampf gegen das Übergewicht noch weiter sinkt. Ergebnis: Wir werden als Versager bestätigt, und das alte Gewicht ist auch gleich wieder da, jetzt oft sogar noch höher als vorher. Wir sind gefangen in einer metabolischen Missstimmung (Dysphorie).

Beispiele für typische Glaubenssätze bei Übergewicht:

Entry
«Ich muss alles tun, sonst werde ich von meiner Mutter nicht geliebt.»
«Wenn ich für meinen Mann alles mache, dann werde ich von ihm beachtet.»

Reentry

«Es kann auch sein, dass ich von meiner Mutter nicht wirklich geliebt wurde, selbst wenn ich alles getan habe.»
«Es ist tatsächlich möglich, dass ich von meinem Mann überhaupt nicht beachtet werde, selbst wenn ich für ihn alles tue.»

Übergewicht und die damit verbundenen Herz- und Kreislauf-Erkrankungen lassen sich durch eine sorgfältige Aufarbeitung der emotionalen Lebensgeschichte oft dauerhaft bessern oder sogar ganz heilen. Ich habe gegen Übergewicht eine spezielle Methode entwickelt: **Regus lipo – Schlank aus eigener Kraft.** Nähere Informationen finden Sie auf meiner Website www.simplepower.de.

Ein kaum beachtetes Phänomen: Der alleingeborene Zwilling

Viele Menschen sind oft jahrelang in Therapie, um sich von ihren Verlustängsten, unerklärlichen Schuldgefühlen, ihrer Panik in engen Räumen oder anderen unangenehmen Gefühlen zu befreien – oft ohne Erfolg.

Der eigentliche Grund und die damit verbundene Lösung ihrer Probleme werden jedoch erst mit einer systemischen Aufstellungsarbeit aufgedeckt: Noch im Mutterleib wurden die Betroffenen von einem damals abgegangenen Zwillingskind getrennt. Seither litten sie unbewusst unter den Auswirkungen dieser vorgeburtlichen Trennung und Verlusterfahrung.

Dieses bislang wenig bekannte und unterschätzte Phänomen ist mir ein ganz besonderes Anliegen und findet zu meiner Freude immer mehr allgemeines Verständnis und wissenschaftliche Beachtung. In mehr als 200 Zwillingsaufstellungen durfte ich miterleben, wie sich Menschen innerhalb kürzester Zeit aus ihrem Martyrium jahrelanger Angst- und Verhaltensstörungen befreiten.

Unerklärliche Verhaltensweisen, die einem das Gefühl vermittelten, nicht vom Fleck zu kommen oder vielleicht sogar verrückt zu sein, unbestimmte Ängste, die den Energiefluss blockierten, und unbewusste Lebenseinstellungen, die bisher den eigenen Erfolg boykottierten – alles war mit der Bewusstwerdung des verstorbenen Zwillings vergessen und aufgelöst.

Ich möchte mit diesem Kapitel Ihnen einen Impuls geben, sich ausführlicher damit zu beschäftigen, einen Impuls, der möglicherweise einen Prozess in Gang setzen kann, der weit über dieses Buch hinausgeht.

Das Leben vor der Geburt ist seit den 1960er und 1970er Jahren wie nie zuvor erforscht und dokumentiert worden. Rasterelektronenmikroskope, Fiberoptik, Speziallinsen, Ultraschallaufnahmen und andere Messgeräte und Labortechniken ermöglichen, dass wir uns heute ein umfassendes Bild davon machen können, wie sich jeder einzelne Teil des körperlichen Systems vor der Geburt entwickelt. Man konnte sogar beobachten, wie das ungeborene Kind bei einer Fruchtwasseruntersuchung zurückschreckt.

Das Ergebnis der wissenschaftlichen Forschung: Schon als Fötus nehmen wir ständig Informationen auf und lernen aus unseren Erfahrungen auf recht ähnliche Weise wie Erwachsene.

Schon während der Zeit im Mutterleib sind wir sehr komplexe kleine Geschöpfe mit Gedanken und Gefühlen. Bedenken Sie einmal, wie reibungslos die Sinne bei der Geburt aufeinander eingespielt sind: Die Augen drehen sich mit dem Kopf in Richtung eines Geräuschs; die Hände werden gehoben, um die Augen vor grellem Licht zu schützen; liegt das Baby zum ersten Mal an der Brust, kann es saugen und in perfekter Gleichzeitigkeit dazu atmen.

Die menschliche Schwangerschaft und die Entwicklung des Fötus sind also gut erforscht. Nach neuen Schätzungen sind zwischen 50 und 78 Prozent aller Schwangerschaften Mehrlingsschwangerschaften. So hat mindestens jedes zweite Kind, das zur Welt kommt, während seiner Entwicklung im Uterus ein Schwesterchen oder Brüderchen verloren – meistens in den ersten Wochen und ohne dass die schwangere Mutter etwas von dem Todeskampf in ihrer Gebärmutter bemerkte; aus falscher Rücksichtnahme wird mit den Müttern selten darüber gesprochen.

Eine erfahrene Gynäkologin berichtete mir, dass sie immer häufiger schwangere Frauen mit Ultraschalluntersuchungen begleitet, die mit Zwillingen oder Mehrlingen schwanger sind.

Umweltgifte tragen dazu bei, dass eine Frau eher mehrere Eisprünge bekommt. Entscheidend ist auch das Alter der Frau: 35-Jährige gebären etwa viermal häufiger Zwillinge. Selbst bei künstlicher Befruchtung werden gleich mehrere befruchtete Eier eingepflanzt, damit sich wenigstens eins entwickelt; oft sind es mehrere. Nach dem Tod eines Fötus führt diese Gynäkologin regelmäßig Untersuchungen durch, um zu überprüfen, ob der lebende Zwilling durch den toten Fötus gefährdet ist. Zu ihrer großen Überraschung stellte sie bei den folgenden Untersuchungen fest, dass der verstorbene Zwilling immer weniger wird und nach einiger Zeit absolut spurlos verschwunden ist, vollständig und restlos von der Gebärmutterschleimhaut resorbiert.

Meiner Meinung nach haben Zwillinge eine besonders tiefe Liebe zueinander. So rein, so innig, so unschuldig vereint und verschmolzen begann die gemeinsame Lebenszeit im Mutterleib.

Bevor das eigene Herz in der 6. Schwangerschaftswoche zu schlagen beginnt, ist das Ohr schon angelegt. Wir hören das Rauschen des Blutes, den Herzschlag und die Verdauungsgeräusche der Mutter und auch schon die Umgebungsgeräusche. Wir können unseren Bruder oder unsere Schwester hören. Auch der Tastsinn, das Wahrnehmen über die Haut, beginnt sehr früh. So wenden Neugeborene ihren Kopf ab, recken ihre Arme und Schultern, um das Haar wegzustoßen, das über ihre Wange streicht. Wir spüren unseren Bruder oder unsere Schwester an unserer Seite und bewegen uns zusammen mit ihm oder ihr.

Heute ist wissenschaftlich nachgewiesen, dass bei einer Fruchtwasserpunktion der Fötus auf die Nadel reagiert und sich blitzschnell wegbewegt. Man muss sich dabei bewusst machen, dass Föten erst in den letzten beiden Schwangerschaftsmonaten die Augen öffnen können. Der Fötus «sieht» also die winzige Punktionsnadel mit geschlossenen Augen.

Was mag dann der Fötus erst wahrnehmen, wenn sein Bruder oder seine Schwester aufhört zu wachsen, die vertrauten Herzgeräusche schwächer werden, die körperlichen Berührungen nicht mehr erwidert werden. Dann ist er allein. Nach der Geburt legt sich ein Schleier des Vergessens auf alles, was er vorher erfahren hat. Ist alles das, was wir im Mutterleib erlebt haben, spurlos verschwunden und erledigt? Sicher nicht.

Meiner Erfahrung nach reicht es nicht zu wissen, dass man einen Zwilling gehabt hat; man muss diese Verbindung zum anderen und die Folgen für das eigene Leben spüren. Nur in Verbindung mit den dazugehörigen Gefühlen hat die Wiederentdeckung des verlorenen Zwillings heilende Kraft. Eine Möglichkeit, herauszufinden, ob wir von einem Zwillingsverlust betroffen sind, um dann eine heilende Verbindung aufzubauen, ist eine systemische Aufstellung, ob in der Einzelarbeit oder in der Gruppe. Falls der Verlust kein Thema ist, wird auch keine Energie zwischen den Stellvertretern entstehen. Selbstverständlich gibt es noch viele andere erfolgreiche Therapiemöglichkeiten. In jedem Fall ist es von Vorteil, sich zu vergewissern, dass der Therapeut das Thema vom «verlorenen Zwilling» kennt und darin praktische Erfahrung hat. Schließlich hat man das Liebste verloren, das man besaß. Dieses muss mit Leib und Seele wieder erfahren und gespürt werden. Das Gefühl des Verlassenseins, die Sehnsucht und der Schmerz brauchen Platz im Herzen; sich an diese wohlige Innigkeit zu erinnern und das Wiedererleben der Gegenwart des anderen können Türen des Verstehens öffnen, denn diese Erinnerungen sind oft hinter dicken Schutzmauern verborgen.

Bereits ein Embryo kann an chronischen Verspannungen leiden, um bedrohliche Empfindungen abzublocken; das dient dem Überleben, schränkt aber auch die Empfindungsfähigkeit ein, und Gefühle wie Liebe, Angst, Trauer, Wut und Lust werden dadurch nur noch sehr bedingt wahrgenommen. Eine wichtige

Entdeckung von Wilhelm Reich war, dass man Gefühle blockieren kann, indem man die Muskeln im Körper verspannt – beispielsweise wird Angst nicht mehr gespürt, wenn man die Gesäßmuskulatur aktiviert. Einige alleingeborene Zwillinge befinden sich in einer permanenten Gefühllosigkeit gegenüber den Emotionen anderer Menschen.

Diese Schutzmauern werden unter anderem durch übertriebenes Rationalisieren und durch Beziehungs- und Arbeitssucht aufrechterhalten. Oft verschwinden diese Mauern erst dann, wenn die Erinnerung an den Zwilling reaktiviert wird. Dann werden wir mit einer Welle der Gefühle konfrontiert: Wir empfinden Wut auf den anderen, weil er gegangen ist, oder haben Schuldgefühle, weil wir womöglich unseren Zwilling getötet oder einfach mehr Glück gehabt haben als er. Und dann begreifen wir: So viele Situationen im Leben waren von der Sehnsucht nach dem anderen geprägt. Was heilt, ist der wiedergewonnene innere Kontakt zu unserem verstorbenen Zwilling.

Manche alleingeborene Zwillinge können ihr Herz nur wenig öffnen; dahinter steht die quälende Angst, dass der andere gehen könnte. Andere suchen die Nähe von anderen besonders intensiv; sie sind wie Klammeraffen, was für den Partner zu viel werden kann. Wenn er verlassen wird, bricht für den alleingeborenen Zwilling eine Welt zusammen, kennt er doch diese Trennung schon aus der Zeit im Mutterleib. Massive Ängste, wieder einen lieben Menschen zu verlieren, und eine übergroße Sehnsucht nach der ultimativen Nähe überfordern den überlebenden Zwilling; viele Selbsttötungen zurückgestoßener Teenager lassen sich darauf zurückführen.

«Seit ich mich erinnern kann, habe ich mich einsam gefühlt. Beim Spielen mit anderen Kindern hat mir immer etwas gefehlt. Ich musste oft weinen. Später konnte ich mich in meine Partnerschaften nie so richtig einlassen. Ich hatte immer sehr große Angst, dass mit mir etwas nicht stimmt, dass ich verrückt bin, bis mir in einer systemischen Aufstellung mein verstorbener Zwilling gegenüberstand. Mit liebevollen Worten konnte ich 33 Jahre später meine verstorbene Zwillingsschwester anerkennen. Ich habe geweint wie nie zuvor und gleichzeitig mich endlich befreit gefühlt. Zu Hause habe ich sofort meine Mutter gefragt, ob das sein könnte. Sie erzählte mir, dass sie in der 8. Schwangerschaftswoche Blutungen und befürchtet hatte, ich sei gestorben.»

«Mit 38 Jahren habe ich eine systemische Aufstellung gemacht. In dieser Aufstellung wurde mir der Verlust meines verstorbenen Zwillingsbruders bewusst. Mein Verhalten änderte sich noch während der Aufstellung schlagartig. Ich konnte mich plötzlich mit gesunder Stärke den anderen gegenüber präsentieren, was mir bis dahin nie möglich war. In den Tagen danach wurde ich ruhiger und ließ meinen Kindern nicht mehr alles durchgehen, und mir wurde zum ersten Mal eine Zeichnung von mir bewusst, die mich seit 20 Jahren an der Wand meines Büros begleitet. Mit 18 Jahren hatte ich in der Schule als Malaufgabe ein Selbstporträt zu malen. Es sind zwei Personen auf dem Bild zu sehen. Ein Frauenkopf, den Betrachter ansehend, in Gelb-Rot-Tönen und ein Männerkopf, der zur Frau schaut, in Blau-Tönen. Beide Köpfe sind gemeinsam umhüllt, und genau zwischen den beiden Köpfen war ein dünner Trennungsstrich. So machen Dinge erst im Nachhinein Sinn – mein verlorener Zwillingsbruder.»

In solchen, oft sehr berührenden Aufstellungen kann gespürt werden, wie extrem viel körperliche Nähe besteht oder buchstäblich um den Platz auf Leben und Tod gerungen wird.

Wenn etwas, das immer gewirkt hat, aber nie wirklich von uns verstanden wurde, sichtbar wird, dann hat es eine große heilende Wirkung.

Nachwort

Ich freue mich, dass Sie das Buch gelesen haben. Und ich hoffe, Sie betrachten Ihre Probleme und Krankheiten jetzt mit anderen Augen. Denn nun wissen Sie: Sie sind Ihren Problemen und Leiden nicht hilflos ausgeliefert, sondern haben es in der Hand, die Dinge in Ihrem Leben grundlegend zu verändern. Vielleicht haben Sie ja schon den einen oder anderen negativen Glaubenssatz in einen Reentry-Heilungssatz umformuliert und die verändernde Wirkung spüren können. Wenn nicht, möchte ich Sie ermutigen, es zu tun; Sie werden erfahren, wie einfach dieser ganze Prozess ist und wie tief er gehen kann, wenn Sie ihn wirklich achtsam durchführen. Lassen Sie sich von den Geschichten meiner Klienten inspirieren! Und werden Sie nicht ungeduldig und frustriert, wenn nicht beim ersten Anwenden von Regus mentalis ein Wunder geschieht. Mit ein bisschen Ausdauer und Entschlossenheit lassen sich in jedem Fall Veränderungen erreichen, die Sie vielleicht für unmöglich gehalten haben.

Mein Weg zur «Heilung aus eigener Kraft» verlief keineswegs gradlinig. Es war vielmehr ein wilder Zickzackkurs, ein ständiges Auf und Ab. Ich habe mir angewöhnt, meine Gedanken und Gefühle wahrzunehmen, um herauszufinden, welche negativen Überzeugungen mich wieder im Griff haben und mich Dinge tun lassen, die mir schaden. Diese destruktiven Glaubensmuster formuliere ich dann in einen Reentry-Heilungssatz um, löse sie dadurch auf und bekomme wieder neue Energie und mehr Gelassenheit dem Leben gegenüber.

Ich wünsche mir, dass Sie diese innere Wachsamkeit bei Krisen, Konflikten und Krankheiten für sich selbst entwickeln – denn ein Leben ohne Probleme gibt es nicht einmal im Märchen. Sie werden sich immer wieder mit Situationen und Konflikten konfrontiert sehen, die auf den ersten Blick unlösbar erscheinen. Aber mit dem tiefen Wissen, dass Sie selber der Lenker Ihres Schicksals sind, und mit dem Werkzeug des Reentry-Heilungssatzes sind Sie bestens ausgerüstet, allen Herausforderungen des Lebens gelassen zu begegnen.

Fangen Sie an!

Danksagung

Mein herzlichster Dank in Liebe geht an meine Frau Regine für ihre jahrelange Geduld mit mir und meinem unermüdlichen Arbeitseinsatz, und an meine zwei Söhne, Christian und Matthias, ohne die unser Leben nicht so glücklich wäre, wie es ist.

Danken möchte ich allen, die, wissentlich oder nicht, zur Entstehung dieses Buches beigetragen haben: den vielen Menschen, darunter zahlreichen, die mir zu Freunden wurden, mit denen ich arbeiten und diskutieren konnte und von denen ich lernen durfte; den Teilnehmerinnen und Teilnehmern meiner Trainings und Seminare, die mich immer wieder zwangen, meine Positionen zu überprüfen, kritische Fragen zu durchdenken und präziser zu werden.

Ein besonderes Dankeschön gilt Karin Heinrich, Freddie de Well und Susanne Frank, die dieses Buchprojekt von Anfang an tatkräftig unterstützt haben, und ganz besonders Bernd Jost, der es tatsächlich geschafft hat, meine Textentwürfe zu einem Buch zu machen.

Literaturhinweise

Rolf Arnold: Seit wann haben Sie das? Grundlinien eines Emotionalen Konstruktivismus, Heidelberg 2009

Margot Berghaus: Luhmann leicht gemacht, Köln 2004

Karl Heinz Brisch: Bindungsstörungen. Von der Bindungstheorie zur Therapie, Stuttgart 2011

Malcolm Gladwell: Überflieger. Warum manche Menschen erfolgreich sind – und andere nicht, Frankfurt/Main 2009

Felix Hasler: Neuromythologie. Eine Streitschrift gegen die Deutungsmacht der Hirnforschung, Bielefeld 2012

Hans-Peter Hepe: Bis das Leben wieder gelingt. Was uns krank macht und was uns heilt, Norderstedt, 2009

Hans-Peter Hepe: Der soziale Körper I, Krankheiten von A bis Z, Norderstedt 2009

Hans-Peter Hepe: Der soziale Körper II, Die soziale Bedeutung der wichtigsten Organe und ihrer Funktionsstörungen, Norderstedt 2011

Gerald Hüther, Uli Hauser: Jedes Kind ist hoch begabt. Die angeborenen Talente unserer Kinder und was wir daraus machen, München 2012

Gerald Hüther: Was wir sind und was wir sein könnten. Ein neuro-biologischer Mutmacher, Frankfurt am Main 2011

Peter A. Levine: Trauma-Heilung. Das Erwachen des Tigers, Essen 1998

Niklas Luhmann: Einführung in die Systemtheorie, Heidelberg 2011

Jacques Martel: Mein Körper. Barometer der Seele, Freiburg 2011

Humberto R. Maturana, Bernhard Pörksen: Vom Sein zum Tun. Die Ursprünge der Biologie des Erkennens, Heidelberg 2002

Lennart Nilsson: Ein Kind entsteht. Bildband, München 2009

Achim Peters: Das egoistische Gehirn. Warum unser Kopf Diäten sabotiert und gegen den eigenen Körper kämpft, Berlin 2011

Steven Reiss: Wer bin ich und was will ich wirklich. Mit dem Reiss Profile die 16 Lebensmotive erkennen und nutzen, München 2009

Fritz Riemann: Grundformen der Angst, München 2009

Gerhard Roth: Persönlichkeit, Entscheidung und Verhalten. Warum es so schwierig ist, sich und andere zu ändern, Stuttgart 2007

Roland Schleiffer: Verhaltensstörungen. Sinn und Funktion, Heidelberg 2013

Roland Schleiffer: Das System der Abweichungen. Eine systemtheoretische Neubegründung der Psychopathologie, Heidelberg 2012

Evelyne Steinemann: Der verlorene Zwilling. Wie ein vorgeburtlicher Verlust unser Leben prägen kann, München 2007

Angelika C. Wagner: Gelassenheit durch Auflösung innerer Konflikte. Mentale Selbstregulation und Introvision, Stuttgart 2007

Register

A
ADHS 256
Akne 221
Allein mit mir 123
Allergie 228
Allgemeinbefinden 236
Angina Pectoris 168
Angst 46, 240
Angststörung 47
Antibiotika 26
Antonovsky 31
Arthritis 195
Arthrose 193
Asthma bronchiale 226
Aufmerksamkeitsübung 95

B
Bakterien 26
Bandscheibenvorfall 180
Beckenschmerzsyndrom 180
Bluthochdruck 161
Blutkrebs 174
Bronchialkarzinom 231
Bronchien 226
Burn-out-Syndrom 236

C, D
Colitis ulcerosa 211
Darm 208
Darmentzündungen 211
Darmkrebs 210
Depression 252
Doppelbindungen 51
Durchfall 211
Dysphorie 263
Der Andere in mir 131

E
Ekzem 213
Entscheidungskonflikt 91, 142
Entwicklungspsychologen 44

Entzündung 213
Erstarrungsreaktion 39

F, G
Fettleibigkeit 261
Fettstoffwechsel-
  störungen 261
Fibromyalgie 188
Fötus 265
Gastritis 200
Gelenke 177
Genetik 17
Gicht 192
Gürtelrose 216
Gesundheit 54

H, I
Haut 213
Hautkrebs 224
Herzinfarkt 166
Herzkranzgefäße 168
Herzschmerz 168
Heuschnupfen 228
Im Bannkreis des Anderen 139
Immobilitätsreaktion 39
Infektionskrankheiten 26

K, L
Kohärenzgefühl 31
Konflikt mit dem Konflikt
  91, 136
Konkurrenzdruck 30
Krampfadern 173
Krebs 18, 174, 205, 210, 224,
  231
Kreuzbein 180
Lebensmittelunverträg-
  lichkeiten 262
Leukämie 174
Lunge 226
Lungenentzündung 233
Lungenkrebs 231
Lymphe 170
Lymphknoten 170
Lymphödem 170
Lymphsystem 170

M
Magen 198
Magengeschwür 204
Magenkrebs 205
Mein Leben im Anderen 145
Migräne 245
Milz 170
Mobbing 40
Morbus Crohn 208

Muskeln 177
Muskelschwäche 190
Muskel-Skelett-System 177
Muskelverspannungen 158
Myasthenie 190

N, O
Neurobiologen 44
Neurodermitis 219
Niedergeschlagenheit 252
Niedriger Blutdruck 165
Ohrgeräusche 248

P, R
Panik 240
Persönlichkeit 111
Persönlichkeits-
 entwicklung 115
Persönlichkeitsprofile 111
Pollenallergie 228
Pollenallergiker 228
Psoriasis 223
Realitätskonflikt 91, 128
Reentry 74
Reizdarm 201
Reizmagen 201
Rheuma 184
Rückenschmerzen 177

S
Schmerzen 21, 49, 179
Schrecken 69
Schuppenflechte 223
Selbstbefehl 75
Selbstheilungs-
 prozess 55, 81
Sich-tot-Stellen 39
Skoliose 182
Sodbrennen 198
Spannungskopf-
 schmerzen 245
Speiseröhre 198
Steißbein 180
Stoffwechsel-
 krankheiten 261
Stress 21
System 65
Seele 66

T, U
Tinnitus 248
Übergewicht 261
Umweltbelastung 30
Undurchführbarkeits-
 konflikt 91, 149

V, W, Z
Venen 173
Verantwortung 58
Verhaltensmuster 111
Verlusterfahrung 40
Verstopfung 208
Warzen 215
Weltgesundheits-
 organisation 30
Zöliakie 262
Zwilling 264

In nur sechs Minuten zur Heilung!

Was unmöglich erscheint, haben Alex Loyd und Ben Johnson geschafft. Ihre Methode half Alex Loyds Frau, ihre Depression zu überwinden, und Johnson befreite sich von ALS, einer Krankheit, die eigentlich unheilbar ist. In ihrem Buch schildern sie weitere sensationelle Heilungsergebnisse – doch wirklich frappierend ist die Einfachheit dieser Methode: Man führt zweimal pro Tag eine Folge von vier Handpositionen aus, was gerade mal sechs Minuten dauert – das schafft jeder. Und die Ergebnisse sind einfach überwältigend!

rororo 62807

Wenn der Körper die Notbremse zieht

Eine erfolgreiche Frau klappt zusammen. Nichts geht mehr. Die Diagnose: Burnout. In einer Klinik im Allgäu beginnt sie, einen «Brief an mein Leben» zu schreiben. Präzise analysiert sie ihre Gefühle, stößt auf alte Wunden und macht deutlich, was geschieht, wenn wir ständig unterwegs sind und permanent kommunizieren, aber nicht mehr sagen können, was uns glücklich macht. Miriam Meckel spricht offen über ihren Burnout – und darüber, wie man mit ihm umgehen, ihn überwinden kann.

rororo 62701

Das für dieses Buch verwendete FSC®-zertifizierte Papier
Lux Cream liefert Stora Enso, Finnland.